# 「チャンスをつかむ人」のシンプルな習慣

世界の舞台で活躍するプロトレーナーが教える行動原理

内窪信一郎［著］

Nanaブックス

装丁・組版　荒川伸生

序章

# 夢は描かなくてもいい！

# 夢は描かなくてもいい

常にプロフェッショナルでいたいとぼくは考えます。

プロフェッショナルとは自分を客観視でき、現実を直視し、夢にとらわれず一年後、三年後、五年後に自分のなるべき姿をイメージできる人間だと思っています。

人は夢を描きます。

「私は、世界最高のアスリートたちのスポーツトレーナーになるのが夢です」

壮大な夢を、その道筋を想像することなく言葉にしてしまううちはまだアマチュアの段階だと思っています。

そこにたどり着くために何をしなければならないのか、実力だけではなく運も必要であり、その運を引き寄せるためにどういう行動を起こすのか、人脈をどう開拓し、コネクションを得るためにどのような働きかけをしなければならないのか……。「当事者としてこれから征服していかなければならない道のり」を目に浮かべることなく「世界最高のアスリートのスポーツトレーナー」という「夢」を口にしてしまうのはアマチュアの証拠だとぼくは考えます。

それに対し、プロフェッショナルが「あなたのこの仕事への夢は何ですか?」と聞かれた時はこう答えるはずです。

「当面の目標は、アメリカに行って、大リーグのトレーナーたちの技術を盗むことです」

質問者は眉をひそめるかもしれません。

それは夢ではないでしょう、と。

しかし、プロフェッショナルは、目の前の目標をクリアすれば次々とチャンスが巡ってくることを知っていますから、アメリカに行くこと、大リーグのトレーナーたちと接点を持つこと。これが当面の夢になるのです。

そんなのは夢じゃない。

夢というのは、もっともっと先にある広大な希望に溢れたものなのだ。

さらに、こう言われるかもしれません。

それが正しいなら、ぼくはこう答えるでしょう。

その道のプロフェッショナルになろうとするならば、夢は描かなくてもいい、と。

壮大な希望に満ちた夢を描いても、日々の現実を生きていくうちに現実とのギャップは徐々に広がり、夢は次第に色あせていくという経験は多くの方が持っていると思います。

そのうちに夢は脳裏から消え、夢を見失った人は、肩をすくめて「まあ、現実はこんなものだよね」というセリフを言うことになるのです。

「私は、世界最高のアスリートたちのスポーツトレーナーになるのが夢です」

もちろん、このような夢を本当にかなえる人がゼロだとは言いません。中には実現させてしまう人もいるでしょう。

その人は真にプロフェッショナル中のプロフェッショナルだと思います。

でも、そのような人はもしかすると周囲から天才と呼ばれる何千人のうちの一人かもしれません。そして並外れた資質とともに、普通の人には想像もできない努力の積み重ねによりその頂点を極められたのだと思います。

ほとんどの人は、そのような奇跡的なプロフェッショナルにはなれないのだ、と認識することから始めなければならないのでしょう。

プロになるなら目の前にある目標に注力し、やるべきことをやる。地道な行程を一歩ずつ進めて行かなければ道は拓けない。

挫折を繰り返した二十代のときに、ぼくはそう認識しました。

皆さんの会社でも、夢を語る人は多いと思います。

「将来は会社を辞めて、ベンチャービジネスを立ち上げ、だれも経験したことのない未分野に進出する」

「四〇歳になったら会社に見切りをつけて、世界中を回り見識を広めて新しいビジネスモデルを立ち上げる」

繰り返しますが、それを現実にしてしまう人も中にはいるでしょう。

でも、九九％の人は「夢」で終わってしまいます。

夢は描かなくてもいい。

もう少し、現実に即した言い方をすれば、

挑戦できない夢は描かない方がいい。

壮大な夢は、厳しい言い方をすれば、「現実逃避」と同義語です。

当面の挑戦する目標は、明日には、一週間後には、一か月後には実現させる。ぼくはそのように歩んできました。また、それこそがプロフェッショナルの流儀だと思っています。

## 遠回りした方が近道になる

ぼくは二〇一〇年から現在まで、メジャーリーグ・ベースボールの上原浩治選手（現ボストン・レッドソックス）とトレーナーの専属契約を結んでいます。

「わずか二九歳でどうやってトップアスリートと仕事をするチャンスをつかみ取ったのですか?」

「その若さで大きな夢を実現してきた秘訣を教えてください」

よくこのようなことを聞かれます。

しかし、ぼくは、何か大きな夢を描いてそれを実現しようと生きてきた人間ではありません。もちろん、トレーナーとして天賦の才を持った人間でもありません。目の前にいる選手の目標を達成させるため、今自分ができることは何か、そのことをいつも第一に考え、丁寧に仕事をしてきただけです。

さまざまな人と出会い、チャレンジの機会を得て、一つひとつ自分にできることを増やしていき、気が付いたら今のポジションに就いていた。それが実感です。

それに、今の仕事が「夢の実現」とも思っていません。

夢を実現させたら、あとは必死にキープをするだけです。

ぼくには次の目標があり、その目標のためにこれまでと同じように一生懸命自己研鑽し、一歩ずつ進みながらやりたいことを達成させていくだけです。

こう書くと、これまでも目標に向かってまっすぐに突き進んで行き、その結果、今のポジションに到達することができた、と思うかもしれませんし、確かに二九歳で世界へ出てトップアスリートと仕事ができているという現実を見れば、そう思われても仕方がないのかもしれません。

でも、現実はそれほど簡単なものではなく、挫折の連続、近道などはなく遠回りばかりでここまできたというのが正直なところです。

ぼくは何度も「目標」という言葉を使っていますが、実は、自分の目標が何かを明確にすることは極めて難しいことなのです。

たとえば前項で、プロの立てる目標として「アメリカに行って、大リーグのトレーナーたちの技術を盗むことです」という例を挙げましたが、果たしてこれが正解なのか、実は答えた本人にもなかなか分からないことなのです。

さまざまな手段を試みながら行きつ戻りつし、方向転換をし、回り道を繰り返してやっと目標が明確になったということは、当たり前にあることです。

その結果、当初思い描いていた目標とは大きく異なる方向に本来自分が目指すべき目標があったと気付くのです。ぼくの場合もその繰り返しでした。

回り道は決して無駄ではありません。最初に思い浮かべた目標に真っ直ぐ突き進み、それが達成できたとしても、それが本当に今の自分にとってより良い目標だったのかどうかはそう簡単には分からないものなのです。

遠回り、回り道を繰り返して、いろいろな経験や失敗を積み重ね、試行錯誤を繰り返し、やっと見えてきた目標が本当に目指すべき「目標」なのだと思うのです。

皆さんの会社で、今ぼくが述べてきたことを当てはめてみましょう。

入社試験のとき、面接官に「あなたの得意なことは何ですか？」「あなたは当社に入って何をしたいと考えていますか？」という質問をされた経験がある人は多いと思います。

何と答えましたか？

「私の得意分野は○○です！」

「私は、御社でこのような仕事がしたいです！」

具体的な事例や名称を挙げて答えた人が多いのではないでしょうか。

その答えはぼくらの世界で言うなら、

「私の得意分野はマッサージと鍼です」

「私はこのチームでA選手のトレーニング指導をしたいです」

と答えるのと同じことです。

でも、よく考えてみてください。

自分が一番得意としていることが、一年後、二年後に通用する、あるいはその時点でもチームに求められている保証がどこにあるのでしょうか。

もしかすると、もっとマッサージ技術に長けた優秀な人が入ってくるかもしれないし、数年後にはA選手がそのチームからいなくなることも大いにあることです。そしたら、もう居場所はなくなるのです。

会社でも同じことでしょう。あなたが得意な分野で、果たして何年先もあなたは必要とされるでしょうか。

また、あなたがやりたい仕事は、ずっとその会社に存在し続けるという保証はあるのでしょうか。

一直線に目標のものを手に入れても、それがいつまでも手に入れられているとは限りません。だから、ぼくは、二十代の下積みの時代はどんどん回り道をし遠回りをして、あらゆる無駄を取り込み、アグレッシブに吸収する方がいいと思うのです。

本当の「目標」は遠回りの果てに見えてくるものなのであり、結局はその方が近道になるのです。

さきほどの面接官の質問に対するぼくの答えは、

「あらゆる仕事にチャレンジさせてください。それでないと、得意なこと、やりたいことは見えてきません」

## とにかく動け！

「自分は将来こうなるんだ」と夢を決めることで、その人の行動範囲は著しく限定されてしまいます。

その夢がかなえば問題はありませんが、かなえられなかった場合、下手をすればそれまでの行動はすべて無駄になり、最初からやり直しということにもなりかねません。夢を描き、その実現のため、他は見向きもしないのではなく、二十代は何にでもチャレンジする時期だ、とぼくは思います。

質より、量。

何にでもチャレンジするということは、量をこなすという意味でもあります。会社から命じられる仕事の量から、あるいは目の前に次々と現れる「やらなければならないこと」から逃げては絶対にだめだと断言できます。

「それはぼくの仕事ではないですから」と、上司からの仕事の依頼を断っている部下の姿を目にすることがあります。

なぜ、「ぼくの仕事ではない」などと決めつけるのかと思います。

「ぼくの仕事」と、ある特定の仕事を決めつけていることは、すなわち夢を決めているることと同じです。夢の実現とは、その夢に結びつかないことはやらないということです。


二十代の人間が、そんなに鷹揚に構えていて良いものでしょうか。


良いと思ったことは、とりあえずやってみる。頼まれたことは、まず断らない。

ぼくは二十代をそう過ごしてきました。

止まったらだめだ、とにかく動く。

成功しても、失敗しても、立ち止まらない。動いていれば、必ず前に進む。

そうすれば困難な次の一歩が拓けるようになる。

そう信じて仕事をしてきました。

夢が見えないと動けない。

先が見えないと動かない。

これではだめだということを、とにかく動き続けることで、ぼくは身にしみて感じてきました。

完璧を追い求める必要など全然ないと思います。

何が正しいかを判断する必要もありません。

だいたいこうかな。まあ、こんなものでいいんじゃないのかな。それで動く。自分がいいと思ったことは何でもやってみる。やってみて、「ああ、そうか。こうだったんだ」と気付くことは多いのです。その気付きが肥やしになり、自分の財産になります。いろいろな引き出しが自分の中にできてきます。

動く、量をこなすということは、人に出会う機会がとても多くなるということでもあります。ある人と知り合えば、その人からさらに別の人につながり、いつのまにか数多くの人と知り合い、人脈が豊富になります。


「おれは絶対にスポーツトレーナーになるよ」

ぼくは鍼灸の学校に通っていたときに、周囲の仲間たちにそう宣言していました。

しかし、それは夢を語っているのとは違います。

夢というのは、まだ何も行動を起こしていないうちに長大な将来の姿を想い描くことです。

しかし、まず第一の目標としてそのことを掲げ、それはおれが本当になりたいものなのだな、と常に自分に問いかけ、それならば絶対になれと自分を叱咤していました。

そのために、ぼくは自分に「行動すること」を厳しく命じました。

動け。

動け。

とにかく、動け。

高校を卒業した後、入学したのは大阪の鍼灸学校です。一二〇人ぐらいいて、そのうちの三分の一ぐらいがプロのトレーナー志望で、自分もスポーツをやっていたという人がほとんどでした。でも、卒業後、本当にトレーナーとしてプロの現場でやっていけているのは二人ぐらい。それくらい厳しい道なのです。

ぼくはなれると自分を信じていましたし、そのために周囲とは違う動きもしていました。学校で鍼灸師の国家資格を取るための勉強だけではなく、学校以外でスポーツトレーナーになるための猛勉強を自分に課したのです。土日も何もなし。さまざまな勉強会やセミナーで学び、プロとして実践している人にも積極的に会い、親しくなる。その人の勉強会や講習会にまた参加する。「とにかく動け！」です。

それを三年間続けました。

鍼灸学校で学力の成績は良くはありませんでした。資格が取れればいいやと思っていましたから。

むしろ、関心を深め、頑張って習得しようとしたのは、プロになったときに通用するスキルの獲得です。マッサージや鍼の手技。

卒業すれば、いつチャンスが巡ってくるかわからない。いざチャンスを得た時に「できません」では話にならない。だからすぐにでも使えるように腕を磨いておかなければならない、と。

ぼくらの世界は、受験勉強のように教科書に書いてあることを覚えれば理解できるというものではありません。実際に患者さんがいて、触って、治していくのが仕事。感覚が研ぎ澄まされていなければ、触っても人の身体からは何も伝わってきません。

ぼくの勉強は、まさにその感覚を身に付けることでした。

それには、立ち止まっていて本だけ読んでいてもダメ。

動く。

体験する。

また、動く。体験し、身体で覚える。それの繰り返しです。

# 目の前の白球を追っていた、その頃を思い出せ

ぼくは宮崎の延岡学園高校野球部の出身です。名門と言われるだけあって、七〇人ぐらい部員がいて、県外からも甲子園を目指す多くの特待生が来ていました。周囲はすごい奴ばかり。名門野球部員としてのプレッシャーが圧しかかる中、とにかく、ひたすら懸命に白球を追うだけの毎日でした。練習は厳しいなんてものじゃない。並じゃないです。休日だろうと夏休みや冬休みだろうと、朝から夕方まで練習、練習、練習。

今では考えられないことですが、当時、高校一年まで練習中は水を飲むな、と言われていたのです。

グラウンドは河川敷にあり、ライト側に土手が続き、土手を越えたところに部室がありました。先輩たちは何かと理由をつけて部室へ行き水を飲んでいましたが、一年生たちは水を浴びるほど飲んでいる己の姿を頭で想像しながら、ひたすら我慢していました。

レフト側には川が流れていましたが、川に飛び込んでその川の水を飲みたいという誘惑に何度も駆られました。そのくらい必死でした。ぼくも、脱水症状を起こし倒れた経験があります。

ボール。バット。土。汗。青空。太陽。仲間たち。他には何もない、それだけの世界。野球がすべて。小学生から高校生までのぼくは、まさにそんな熱い空気の中で成長していきました。

大人になるにつれ、時に周囲の目ばかりを気にする自分に気が付くことがあります。そんなとき、あの目の前のボールがすべてだった、炎天下で必死に歯を食いしばり、ぶっ倒れるまで走り回っていた自分のことを思い出します。

周囲の目など関係ない。周囲を見ている暇などない。「暑さ」と「熱さ」のせめぎ合いの毎日のあの頃。

めげそうになったとき、目の前の今自分がやらなければならないことを、わき目をふらずにやる。中学生の、高校生のおれはそうだったじゃないか。こう自分に言い聞かせます。

今、自分がスポーツトレーナーとして、ともかくも世界の舞台に立てているのは、この頃培ってきた「目の前のことに集中するひたむきさ」のおかげだと思っています。

周囲の目など、気にするな。
つべこべ言わずに、目の前のことに集中しろ。
動けば、結果がダメだとしても納得できる。そして必ず次は上手くいく。
この章の最後に、この言葉を贈ります。

# 「チャンスをつかむ人」のシンプルな習慣

世界の舞台で活躍するプロトレーナーが教える行動原理

―目次―

第1章

# 「気配り」「目配り」「思いやり」

## 成功しているビジネスパーソンの共通点

この本の読者は、ビジネスの最前線で働いているビジネスパーソンが多いと思います。それでは読者の皆さんに「あなたが仕事をする上で一番大切なことは？」と質問してみたら、どのような答えが返ってくるでしょうか。

「プレゼンテーション力」
「場を仕切れる能力」
「協調性」
「決断力」
「豊富な商品知識」

おおむね、このような答えが多いだろうと予測できます。

もちろん、これらの答えを否定するつもりはありません。基本的には正しいと思います。しかし、ぼくが仮にこの質問を受けた場合は、次のように答えるでしょう。

「気配り、目配り、そして思いやりです」と。

周囲を見渡してみてください。

顧客との信頼関係の構築に長けている、巧みな根回しで社内における円滑な業務推進ができている、上司や部下から好かれる日常の対話が上手、このような人が必ず一人や二人いるはずです。要は、周囲から一目置かれ成功しているやり手の人です。

この人たちをよく観察してみてください。共通点として「気配り、目配り」が上手で、「思いやり」があるということが見えてくるはずです。

「気配り」をもう少しかみ砕いて言えば、「こうすれば良くなる、ここを変えればうまくいく、そういうことにいち早く気付き、すぐに的確な行動に移すことができる一連のパフォーマンス」のことです。

「気付き」と「行動」。

常に周囲に目配りをすることで「気付き」、素早く「行動」に移すことができる。それがビジネスで成功する人たちに共通する点だと思います。

逆の言い方をすれば、「気配り」ができる人は、冒頭の質問で皆さんが仕事の能力として重要だと思っているプレゼンテーション力、場を仕切れる能力、協調性、決断力などにも長けているのではないでしょうか。

そして次に「目配り」。

「目配り」とは、相手の立場になってものを見ること、ものを考えることです。他人の行動を見て「あれではだめだ」「自分ならこうする」と距離を置いて批評することは誰でもできます。でも「なぜ、あの人はこのような行動をとったのだろう」と、相手に寄り添って考えるまでにはなかなか至りません。その行動の裏に潜む相手の心情までを理解しようとはしないものです。

しかし、スポーツトレーナーは、相手の立場に立ってものを見ることがとても重要です。

言葉を替えれば、肉体的な問題だけではなく、精神的な問題まで感知することができなければ、プロのトレーナーとしてやっていけないということです。

なぜなら、ぼくたちの仕事は、最終的にはアスリートの成績向上につながらなければ評価されないからです。

苦しんでいる、結果が出ない、そのような人の身体に触れていると、いろいろなことが見えてきます。精神的な悩みや葛藤は、身体のあちこちに肉体的な問題を呼び起こします。

トレーナーの役割は、身体の複雑な状況を整理することです。身体に触れ、一つずつ整理をしてあげる。そうすると小さな変化が起きます。そしてまた一つ、また一つと、次々に整理をしていきます。身体の問題がきちんと整理されれば、必ず良い結果を出せるようになります。

しかし、それだけではトレーナーとしての役割を果たしたことにはなりません。肉体と同時にメンタルの部分をケアすることもまた大切な役割なのです。

アスリートたちの心の葛藤を敏感に感じ取り、追い詰められ苦しんでいる彼らの心情にできるだけ寄り添っていかなければなりません。時にアスリートたちは感情を表に出すこともありますが、それをしっかりと受け止め、共感を示しながらも時には彼らが気付いていないことを指摘することも必要になってきます。

スポーツトレーナーとは、アスリートの肉体的なコンディションを整えるだけではありません。時には、メンタルな部分を支える存在でなければならないのです。

「目配り」とは、繰り返しますが、相手の立場に立ってものを考え、一緒に悩み、的確なアドバイスをしたり、ときには相手に代わって問題を解決したりすることです。

そして三番目に「思いやり」。

ぼくは、今、アメリカのメジャーリーグで上原選手のトレーナーを務めていますが、この世界では、日本人選手に日本人トレーナーが密着し常にまとわりついてばかりいると、その日本人選手もアメリカの選手から異質・異分子扱いされてしまいます。「自分たちの外側にいる近づきにくい存在」と見なされ、距離を置かれてしまうのです。

本当に選手のことを第一に考え、思いを向けることができていれば、密着していることが必ずしも良いことではないと気付くはずです。普段は空気のような存在でいることが大切なのだと思います。

ですから、選手とはあえて距離を置くようにしています。自分が離れることで、選手がアメリカの選手の中で自然に交流できるように、付かず離れずの微妙なさじ加減でトレーナーとして機能しようと、いつも思っています。

選手の人脈を切らさないようにする、人脈を活性させるために考え、動く。コンディション作りだけではなく、そのようなトレーナーの「思いやり」も、トレーナーのスタンスとして重要なのだと考えています。

「気配り、目配り、思いやり」はあらゆるビジネスシーンにおいて、人間関係のあつれきを緩和し、信頼し合いながら円滑に仕事を進めていく上での基礎的な要素だとぼくは考えています。この三つが円となり、うまく回っていけば、自然と良い仕事ができるのだということが経験の中から実感されるのです。

## 今になってわかる恩師の教え

「気配り、目配り、思いやり」はぼくの座右の銘で、このことをいつも心に思い浮かべながら仕事をしていますが、最初にこの言葉の大切さを教えてくれたのは高校時代の野球部の監督でした。

「野球の前に、一人の人間として先輩や後輩に対し、家族や友人に対し、『気配り、目配り、思いやり』ができるようになれ。野球をやる上でも、もちろん重要だ。これが欠けていると戦術も成功しない。選手同士の連携、補完が絶対にうまくいかない」

ぼくだけではなく、そのときの部員たちは皆、監督のこの言葉を胸に刻んでいたと思います。

プロのアスリートはほとんどの場合、グラブやスパイクなどを提供する用具メーカーや、サプリメントなどを扱う健康食品メーカーなどのスポンサーと契約しています。

上原選手は、このようなメーカーの担当者やぼくのようなトレーナーなど、さまざまな角度から自分を支えてくれる関係者を「チーム上原」と呼んで、同じ目的に向かっていく仲間としてとても大事に扱ってくれています。

しかし、アスリートとスタッフの関係は、「チーム上原」のように、アスリート、スタッフ、協力メーカーの間の連携、意思疎通が常にうまくいき、一体感が醸成されているケースばかりだとも限りません。

例えば、メーカーが優れた製品を開発しそれを選手に提供しても、選手がその良さを理解せずなかなか使われないという場合があります。選手もわがままでメーカーの意向を受け入れないのではなく、これまで使っていた用具や製品を変えるには相応の勇気が必要だからです。彼らは、微妙な変化であっても大きくプレーに影響が出てしまうことを敏感に感じ取ります。だから、どうしても躊躇してしまうことがあるのです。

ぼくたちトレーナーの仕事は、アスリートの身体の状態をベストに持っていくだけではありません。ときには、選手、メーカー両者の間に入ってお互いの意思を確認し、的確な情報を相互に伝え、双方の目的を共有させ、良好な関係を維持させるという「調整」の役割も果たさなければならないのです。

それを行う上で欠かせないのが「気配り、目配り、思いやり」の心です。

以前、ぼくが経験した例を挙げてみましょう。

ある野球選手のトレーナーを始めたときのことです。治療・トレーニングを通じて入念に観察をするうちに、足に問題があることを感じるようになりました。ある部分の筋肉が非常に張っていて、明らかにそこへ過剰な負担がかかっているのが見て取れます。そのせいか足全体の疲労が激しく、無理がたたり肉離れを起こすこともありました。

ぼくは、足の触診をじっくり行い、シューズに問題があるのではないかと考えました。シューズは直接地面をつかみ、フォーム全体にも影響を与える重要な「用具」です。メーカーもそのことに思い至り、新技術を駆使した改良型の製品を提供するべく準備をしていたのですが、なかなか選手に進言することはできなかったようです。選手本人がずっと使っているシューズにこだわりがあるのを知っていたからです。

ぼくはトレーナーの立場から、選手にシューズを替えた方が良いと提案しました。具体的に「動き」と「負荷」のメカニズムを説明し、シューズを替えることでけがのリスクを軽減できるということを辛抱強く伝えました。選手は納得し、新しいシューズを履いてプレーすることを約束してくれました。

結果、フォームに変化が出て、けがをしなくなり、明らかにパフォーマンスの向上が見られるようになったのです。

アスリートから発信される危機の兆候を認識する「目配り」、アスリートの立場、メーカーの立場、それぞれの事情を推量する「気配り」、そして自分が間に立ち、双方の調整を行い、本来あるべく協力関係に持っていく「思いやり」。

高校時代から常に心に刻み続けていた言葉を、行動として実践できた例として挙げました。

今では、特別に意識しなくても、さまざまな場面で自然に「気配り、目配り、思いやり」が、ふっと出るようになりました。だからこそ、スポーツトレーナーとして今のポジションに到達できたのだと思います。

## 聞いてくれることで気分が良くなる。聞いてくれないことで信頼をなくす

トレーナーにとって、アスリートたちの良い相談役になることとは、言うまでもなくとても重要な役割です。彼らは「こうしてほしい」「自分はこうしたい」と時には無理難題を押しつけてくることもあります。その際には、場合によっては譲歩することもあるし、「それは適切ではない」と感じていても真っ向から否定せずに、折れるという選択を取ることもあります。

もちろん、これをやると絶対にまずいという事柄に関しては譲ることはしませんが、先の展開を考え、ここで譲歩しても大勢に影響はないだろうと判断した場合、相手に合わせることはコミュニケーションを円滑にしていくという点から見て有効だと感じます。

相手に合わせるコミュニケーションとは、まず相手の話をよく聞くということです。そして相手の話を否定しないということ。相手の考えが自分の思いと違っていても、まずはすぐに否定をせずに、受け止める。これが重要なのだということは、ト

レーナーになって身にしみて感じたことです。そして、数々のアスリートたちと仕事をするようになって、真のコミュニケーションは、聞くことからしか始まらないのだと気付いたのです。

実は、トレーナーになってしばらくの間、ぼくは相談に乗るという意味を間違って解釈していました。人はぼくに何かのアドバイスを求めに、解決策を示してもらうために、相談に来るのだと思っていたのです。仕事柄選手だけではなく、いろいろな立場の人から相談を受けます。

当然、頼りにされているのだから、あらゆる知恵を絞って「こうしたらいいと思いますよ」「こうするべきですよ」と自分の意見を言ったり提案したりします。するとと相談者のうちの何人かは、何か浮かない顔をしておざなりのお礼を言って立ち去るのです。

そんなとき、トレーナーになりたての頃のある相談の経験を思い出したのです。

相談に来たのは若い女性のアスリート。

彼女の悩みは自分のプレーのことや、身体のコンディションのことではなく、交友関係の揉め事でした。でも、プロの入り口にやっと立ったばかりのトレーナーに、人間関係のもつれの相談に的確にアドバイスなどできるはずもなく、どう答えたらよいのかわからず、ただひたすら話を聞くだけに終始しました。

話を聞く間にぼくがやったことは、相手に同調すること（うなずいたり、相づちを打つ）、そして話をすべて聞いた後に「それはつらかったですね」と一言述べただけでした。それしかできなかったというのが本心です。

ところが、彼女は「ありがとうございます。話を聞いてもらえてすっきりしました」と言い、晴れ晴れとした表情をしたのです。

そのときのぼくは、「ああ、それはよかったです」と何か拍子抜けしたように、そう答えたことを記憶しています。

それから何年か経ち、いろいろな相談を受けるようになってから、ぼくはあの時の女性アスリートがなぜ晴れ晴れとした表情で、何も適切な応答ができなかったぼくにお礼を言ってくれたかが理解できるようになったのです。

人が「相談がある」という時は、「話を聞いてもらいたい」という意味の場合もあるのだということです。女性アスリートは悩みを解決してもらいたくて「相談」に来たわけではなく、ただ、もやもやとし、自分の中で整理しきれない課題を聞いてもらいたかったのです。

ぼくは、その経験を振り返ることで、人は人に話を聞いてもらうことによって自分の思考や感情が整理され、自分の内に自然と「これから自分はどうするのか」と道筋が立てられるということがわかったのです。

そして、こうも気付きました。

ぼくが、これまで解決策を提示した相手が、時に納得のいかない表情になるのは、ぼくにとって納得のいく策であったかもしれないけれども、相手にとっては最良の解決策ではなかったのだ、と。頭を整理し、自分の思いを伝えたくて、ぼくに話を聞いてもらいたかっただけなのかもしれない、と。


それを機に、ぼくは一対一の対話のときには、とにかくまず相手の話に誠意を持って耳を傾けることを自分に課しました。

時には、相談があるという相手に対してもアドバイスをせず、ただ話を聞くだけに終始することもあります。話しているうちに相手の頭の中で複雑に絡まっていた糸が次第にほぐれてきて、やがて解決策を自分で見出すこともあるのです。

皆さんにも経験があるのではないでしょうか。自分が一生懸命話をしている時に、相手が真剣に聞いていないのがわかると、もうそれ以上は話す気がなくなりますよね。さらに、相手への信頼感も失せてしまうのではないでしょうか。

「ああ、この人に大事な相談をしてもしょうがない」

もしそんな風に思われたらぼくの商売としては失格です。

人の話を聞こうとしない人は、自分の価値観や考えにひたすら固執している人が多いように思います。人の意見や考えを受け入れる度量がないとも言えます。

一方で、人の話をきちんと聞ける人は、異なる価値観も受け入れることができます。まず相手を理解しようという気持ちが働くのでしょう。

こういう人は、人に対する洞察力の高い人です。つまり、「気配り、目配り、思いやり」のできる人なのです。

このような聞くことに長けた人が、逆に話し手の立場になると、非常に説得力のある話し方をします。

皆さんの周囲で、人の話に真摯に耳を傾けることができる人はいますか？

そういう人がいるなら、その人のプレゼンテーションや会議での発言などに注目してみてください。きっと、相手の心に訴えかける説得力を持った発言をしているはずです。

# 周囲の人との関係作りも大切

トレーナーとして「気配り、目配り、思いやり」を意識する対象は、選手やスポンサーばかりではありません。例えば、選手の家族にも目を向ける必要があります。選手が成功するには家族の協力が不可欠です。ぼくは特定の選手と契約をした際、その選手の家族ともできるだけお会いするようにし、選手と同じように接するように心掛けています。

選手と同じようにとは、つまり、選手の家族に会えば、その人たちの立場になって話を聞き、話をしていくということです。「目配り」ですね。それができずに、トレーナーとしての立場でしか家族と接せず、こちら側の論理・主張ばかりを一方的に押し付けてしまう格好になり、結局はよい関係を築けずに辞めざるを得なくなったというような例を目にすることもあります。

かつてぼくは何人かの女性ゴルファーとそれぞれ二年ほどトレーナーの契約をしていたことがあります。いずれも若くして頭角を現してきた気鋭のゴルファーで、異性のぼくとしては大変気を使いながら接しました。

女性アスリートと仕事をするというのは、当時は男性トレーナーにとっては目の前にとても厚い壁が立ちふさがっている感じで、その壁は意外と脆く、力の加減によっては崩れてしまいそうな危うさもあります。つまり壁は、越えてはならない一線で、壁を崩して一線を越えると、大変な事態になってしまうことが予測できるので、慎重にならざるをえません。

さらに女性ゴルファーの場合、父親がコーチだったり、家族に近い人が指導をしていたりすることもあり、そのような身内の方々の影響力は大きなものがあります。その人たちには選手以上に気を使わなければなりません。選手だけに集中し、そうした人たちの意向を無視したり、対立姿勢を見せたりすると、そうした人たちだけでなく結局は選手との関係もうまくいかなくなり、契約を切られるということにもなりかねません。

女性ゴルファーと仕事をしたときは、小さなコミュニケーションの量を増やしました。毎週のように全国各地を転戦するという競技の特性から、試合中だけでなく、練習ラウンドなど一緒にいる機会が多く時間も長いため、何げない会話、例えば子供の頃の話とか、家庭の話とか、学生時代の話とかをしました。選手をリラックスさせるという配慮から、そのような直接プレーに関わらない話を持ちかけるということもありますが、情報収集という面もあります。それらのさりげない情報から選手の育った環境やご両親の教育への考え、家庭でのしつけなど、選手と家族の成り立ちがいろいろと見えてくるのです。そのような情報を得ていれば、家族との齟齬やコミュニケーションのずれなどは回避できるし、逆に密度の濃い信頼関係がつくりやすくなります。

今、トレーナーを務めている上原選手の周囲の人たちともいい関係でいます。もちろん、仕事で支え合っている「チーム上原」のスタッフとの連携は言うまでもありませんが、上原選手のご両親、さらには奥様のご両親とも親しくさせていただいています。

上原選手は家族の絆をとても大事にしていますので、皆さんで食事をする機会が多いのですが、ぼくも誘われることがあれば、もちろん喜んで参加させてもらいます。お酒が入ればさらにご家族との距離が縮まりますし、自分をより知ってもらうチャンスですから。

そういう席に招かれたときは、もちろんざっくばらんな雰囲気を満喫して楽しい気分でお酒を飲み食事をするのですが、場の空気になじむ、せっかくのよい空気を乱さないといった配慮はするように心掛けています。少なくとも「自分が出しゃばらない」ぐらいの配慮はしなければならないと思っています。

ただ何となく家族が集まって食事をする、というのであれば別ですが、「誰か」の「何か」のお祝いの席ということもあります。誕生日であったり、入学や卒業のお祝いであったり、賞を取ったり、学校の成績が上がったりといった個人の業績を祝う会であったりもします。

このようなときは、なおさら、主役をそっちのけで自分が必要以上に目立つというようなことは避けるべきだと思います。

結婚式の二次会や何かのパーティに招待されたときも、気遣いを意識していれば臆することなく出席できますし、他の参加者からも反感を持たれることはまずありません。

何かスピーチをしなければならない場合も、会の目的と場の主役を踏まえ、自分のことばかり話さなければ、多少脱線しても他の出席者から違和感を示されることはありません。

場の空気を読めない人は、その場の空気を乱してしまい、逆に周囲に気まずい空気を醸し出してしまうこともあります。乱れた空気はその場にとどまらず、これまでの人間関係に亀裂を起こしたりすることもあります。

皆さんの会社で、ある社員の歓迎会がセクション内で催されることになったとします。近くのレストランに集まり、会食が行われました。

でも、主役はそっちのけで課長ばかりが話し、それも自分の自慢話ばかり、場は白けっぱなしで、それを誰も注意できない……このような経験はありませんか。

その場に出席していた人はどう感じるでしょう。

「もう、課長は二度と呼ばない」

「あの課長の下で働くのは嫌だ」

場の空気を読むことができない人はまた、付き合いの範囲が、その人の周囲に限られている場合が多いように感じます。今の例で挙げた課長は、きっと会社の同じ立場の同僚と毎晩飲み歩いてばかりいるのでしょう。

場の空気に敏感に反応し、空気にうまく溶け込んで場を盛り上げる一役になるためには、できるだけ多くの場数を踏み、自分のテリトリー以外の人たちの場にも積極的に踏み込んでいくことが大切です。

（もちろん、誰と一緒のときにも気遣いばかりしていては疲れますので、家族やフラ

ンクに付き合える友人たちと一緒のときは、それほど気遣いに腐心しません。要はケースバイケースということです）

ぼくが、これまで多くの人に支えられ、素晴らしいチームやアスリートたちと仕事ができるようになったのは、人と積極的にコミュニケーションを取ることを常に優先させていたからだと思います。

選手だけでなく、スタッフや家族とも親しくなり、場の空気を乱さないようなコミュニケーションを心掛ける。このことをこれからも肝に銘じて仕事をしていきたいと考えます。

場数と経験は、人を鍛えます。

チャンスが目の前にあっても、それを避けてばかりいる人は、いつまでも「苦手」がつきまといます。

# 感性を磨け！

トレーナーの仕事は、細かい気遣いの積み重ねと言ってもいいと思います。ですから「気配り、目配り、思いやり」の意識が体の中に浸みこみ、日常のあらゆるシーンで無意識に出てくることが望ましいし、またそれがなければトレーナーは務まりません。

選手が汗を流しながらトレーニングをしているときに、常に水を切らさないように補充しておくとか、タオルが必要な時はサッと出すというような、本当に細かい配慮、あうんの呼吸で選手が今必要なものを用意することが求められるのです。

トレーナーにとって、選手はお客さまです。

どんなに親しくなり、家族のように接しようと、この意識は常に持っていなければいけないとぼくは思います。

選手が脱いだ靴が曲がっていたら直す。借りていた施設でゴミが出たらきれいに片付ける。そういうことをきちんとすることは、チームの評価につながるし、選手の評価にもつながるのです。チームの評価が落ち、選手の評価が落ちれば、やがて自分の評価も落とすことになります。

ぼくらの仕事は選手が仕事をしやすい環境を整えること。

それに尽きます。

いい環境で選手のパフォーマンスが上がれば、チームでの選手の評価は高くなりますし、スポンサーも継続して契約を結んでくれます。

それが、全部自分の評価へと返ってくるのです。

これは、一般のビジネスの世界でも同じですよね。

たとえば、A氏、B氏の二人の若い営業担当者がいたとします。

A氏は、自社製品の優れた点を強調して、その売り込みに躍起になっています。

B氏は、自社の製品の売り込みよりも、相手の担当者が社内的に評価を得ることに腐心します。

A氏の場合、もし競合先が同等の機能を備えた製品をもっと安価で売り込みに来たらどうなるでしょう。顧客はその人から買わずにライバル会社から購入すると思います。

でも、B氏と担当者とは人間関係がかなり密になっているはずで、担当者はB氏が日頃から何かと自分を支援してくれていることを十分に感じているので、製品の優劣よりもB氏との付き合いの方を重視し、競合先を退けてくれるでしょう。

言うまでもなく、営業としてあるべきだと思っている姿はB氏の方です。トレーナーに置き換えれば、自分の技術や経験だけを武器に選手に取り入っても、結果的に選手がチームに信頼され活躍できなければ意味がないのです。

選手のコンディションを常に把握し、調子を落としているのなら、どこに原因があるのかを心身両面から検証し、適切なケアを行う。選手が居心地よくチームに溶け込めるよう、周囲三六〇度にアンテナを張りめぐらせる。どうなりたいのか、どうなっているのが理想なのかを、選手の立場になって考える。それができなければ、どんなにマッサージの腕に自信があっても、トレーナーの役割は務まりません。

選手自身はぼくらの「気配り、目配り、思いやり」に気付かないこともあります。でも、それでいいと思っています。選手の状態を今、最高にもっていく。選手の評価を上げる。そのためにあらゆるサポートを行うのがぼくらの役割です。スポーツトレーナーのプロ意識はそこに集中することにあります。

サプリメントやプロテインのスポンサーも、契約選手がけがばかりしていたらイメージダウンになりますよね。

高校時代の野球部の監督に言われたことは、もう一つあります。

「感性を磨け」

これを口酸っぱく言われました。

でも、その意味するところをはっきり理解できたのは社会人になってからです。この人の感性は鋭いな、さすがに感性が磨かれているな、と感服する場面に出会う機会はそう多くありません。

人によって大きな差があることもわかりました。

感性が鋭い、感性が磨かれているとはどういうことでしょうか？

他の人が見えない部分までよく見ることができる。観察力が優れている。

ぼくはそのように解釈しています。

人がどういう動きをしているのか。くせは何か。相手はこちらをどう見ているのか。逆の立場だったらどうする。相手と自分とはどこが違う。今の雰囲気といつものの雰囲気の微妙な違いは何だ。

このようなことを敏感に感知すること。そして感知したら、マニュアルには載っていない行動をすぐさま取れること。

ホテルやレストランで感性の鈍い人の接客に遭うといらいらすることはありませんか。接客は顧客サービス上、最も気を使わなければならないことだと思うのですが、客のことがぜんぜん見えておらず、自分のことしか目に入らない人を見ると、よく商売として成り立っているな、と心配になります。


ぼくが、「感性を磨く」際にすぐに思いつくのは、自分が相手の立場だったらどうするかということです。

レストランなどに入ると、まず周囲を見渡し、自分がオーナーだったらどういう店にするだろうかと考えます。テーブルの配置だとか、全体の色調だとか。

チームのトレーニング・ルームを見ても、動線や道具の収納の仕方などに、サッと目がいきます。選手が効率よく動けるように設計され、器械が配置されているか。アイシングやテーピングの正しい指導は行われているのか、トレーニングをしたあと、用具はどのような場所にどのように収納されているのか。

そして、もし自分だったら、選手が移動しやすいように、移動した際に動線が交差しないように、こんな工夫をするな、などと考えます。

トレーニング・ルームを見れば、ぼくはだいたいそのチームがどういう状態なのかがわかります。

強いチームは、細かいことまでがきちんと行き届いています。整理整頓がなされています。それが大事だという感性が磨かれているのです。

昔、修行時代に、ある鍼灸院を向学のために訪問したときのことです。

待合室の隅にカゴが置かれてあって、その中にスリッパが雑然と突っ込まれています。「ごめんください」と呼んでもなかなか人が出てきません。

また、別の鍼灸院を訪ねたときは、靴箱に整然とスリッパが並べられてあり、受付の対応もとても感じのよいものでした。

スリッパの並べ方ひとつ、従業員の接遇ひとつで、その組織の「感性」のレベルがわかってしまいます。

ぼくのようなフリーランスで仕事をしている人間が勝負できるものは「自分」しか

ありません。

自分自身の感性を磨くしかこの世界で生きていく方法がないのです。

少しでも選手や周辺のスタッフ、家族の方々に好感を抱いてもらい、選手が結果を出せるようにしなければなりません。

だから、ぼくにとって、自分の感性をよりどころにし「気配り、目配り、思いやり」を実践することは、何よりも必要なことなのです。

ところが、ぼくが仕事上で接するいろいろな企業の人たちを見ると、たまに「？」と感じることがあります。何かパリッとしていない感じ、疲れた印象を持つことがあるのです。営業スマイル、営業トークで接してくるのですが、心ここにあらずといった感じを受けることもあります。

ぼくは、こう思いました。

「この人たちはバックに大きな組織がついているから、個人の感性を磨くことがおろそかになっている」

社会人になり、大きな組織の中で、組織を頼りに仕事をしていくうちに、自分の感性が鈍ってしまっていることに気付かなくなってしまうのではないでしょうか。

ぬるま湯にずっと漬かっていれば、感性は間違いなく錆びついてしまいます。

今は組織に守られているかもしれませんが、こういう世の中です。それがいつまで続くかはわかりません。

今、組織の中にいる人たちでも、結局最後に頼れるのは「自分」だけ。このぐらいの気概を持って仕事に取り組んでもらいたいと思います。

第2章

# 挫折が今のぼくを作った

## 高校球児、鍼灸学校時代

## 崖っぷちに立つ

ぼくが高校時代に野球の指導を受けた監督は二人。お二人には、高校卒業後のぼくの人生に大きな示唆を与えていただきました。二人の監督に出会わなければ、今のぼくはなかったでしょう。

人は、人から影響されて成長していくというのが、実感として骨の髄まで浸みこんでいる感じです。

最初の監督には高校に入った最初の一年数か月、指導を受けました。野球とは何なのか、単なるスポーツの一種目ではない、「野球道」としての本質を叩き込まれた気がします。もちろん、当時はまだ子どもでしたから、そのような「深み」を頭で理解したわけではなく、体で覚えさせられたのです。体に浸みこんだ監督の教えは今でもぼくがぼくであるためのベースとなっています。

スポーツトレーナーの道を選択することになったのは、二人目の恩師からスポーツマッサージの本をもらったのがきっかけでした。

恩師は、ぼくが高校二年の時に野球部の監督に就任しました。当時の高校野球の監督としては、トレーニングの方法も新しい考え方を採り入れていて、「水は飲まなきゃだめだ」と、これまでとは逆のことを論理的に語ってくれました。

皆さんは、スポーツをするときは水分を十分に補給するようにと習ったと思います。ところが、ぼくの中学生時代や高校一年ぐらいまでは、水を飲むことは楽をする、根性が足りないから水を飲みたくなるのだ、というスパルタ式の根性論に支配されていたのです。おそらく日本中がそうであったと思います。ぼくらの世代以前は、スポーツコンディショニングの理論がほとんど浸透していない状態で、厳しい練習に明け暮れていました。

ところが新任の監督は、高校生のぼくらでもわかるように「水を飲む」ことの大切さを教えてくれたのです。

「運動をすると筋肉の活動によって身体が熱を発する。すると汗をかく。この汗には体温を調節するという大切な役割がある。汗を出すことによって身体の表面で熱交換が行われ、体温の上昇を防ぐ。汗による体温調整がなければ、体温はどんどん上がり、身体はオーバーヒート状態になってしまう。汗が水蒸気となって蒸発するときに身体の表面から熱を奪うのだ。水分の補給は汗によって失った水分を補給するためにある。もし水分補給が十分に行われなければ、頭がボーッとし、身体が思うように動かず、運動の継続が不可能になる。下手をすれば脱水症状を起こし、命にかかわることもある」

今では当たり前のこのような理論が当時はとにかく斬新で、ぼくらはまさに「目からうろこが落ちる」ように納得できたのでした。

監督から読むように勧められたスポーツマッサージの本の内容にぼくはとても興味をひかれました。おそらく監督は、「お前にはこういう道もあるよ」と、その時点である程度、ぼくの将来の進むべく道の可能性を読んでいたのかもしれません。

なぜなら、高校時代、ぼくは腰痛や肩痛にいつも悩まされ、それが次第に耐え難いほどになり、選手の道を断念せざるを得なかったからです。

監督の見立ては正しかったのです。自分の身体の故障から、ぼくは「人の身体のメカニズム」や「アスリートの身体の管理」に関心を持つようになりました。そして、スポーツトレーナーという職業の輪郭がぼんやりと浮かび上がってきました。

そして、高校を卒業し、ぼくは大阪の鍼灸学校へ行く道を選択しました。まさに

「人の身体」を診る仕事につく第一歩です。その学校に行くことを勧めてくれたのは野球部のコーチの知り合いのスポーツトレーナーで、その人が卒業した学校です。ぼんやりとしていたスポーツトレーナーの輪郭は、そのときにはっきりと形になったのでした。

けれども、スポーツトレーナーとまでは意識しなくても、人の身体を治すということの大切さ、憧れのようなものはもっと小さな頃から養われていたのかもしれません。ぼくは三人きょうだいの末っ子で、母も二人の姉も看護師です。母の働く病院へ遊びに行き、仕事の様子を見聞きする機会も多く、幼い頃から母の病気の人や体が弱っている人たちへの接し方を目の当たりにしてきました。同僚の看護師さんの働く姿、医師の患者に接する姿。幼いぼくの目にも、それがとても「人の役に立つ」「弱った人を助ける」崇高な姿に見えていたのかもしれません。

このような家庭環境も、今の仕事に就く大いなるきっかけになったと思います。

高校卒業後、大阪の鍼灸学校に行く道を選択したと述べましたが、その道に何の曲折もなく進めたわけではありません。

当時、父が体を悪くして大きな手術を受けることになり、働くこともままならないといった状況で、決して順風満帆ではなかったのです。

そんな家の事情があったので、最初母はいい顔をしませんでした。大阪に行って一人暮らしをしながら学校へ通う。しかも、医療系の学校なので費用もかかる。家が大変なときに、学校などに通わせる余裕はない、と。

さすがにぼくも思いつめました。「今、おれは崖っぷちに立っている」という意識が強く湧き起こってきました。

しかし、その時、ぼくにブレはありませんでした。

「けがで野球を続けられなくなったのなら、今度はそのけがを治す側におれはまわるのだ」という信念は、そのときには確固たるものになっていました。

そしてぼくは、そういう自分を信じ、その道を示唆してくれた監督やコーチを信じていたのでした。

両親に頼み込み、何とか自分の信じた道を行かせてもらうことにしました。迷いのないぼくの心の内を両親も理解してくれたのでしょう。今でも、最後には「頑張れ」と言って送り出してくれた両親には感謝しています。

# 挫折からすべてが生まれる

小学校から続けていた野球の道を、高校に入りけがで続けられなくなったと人に話すと、「それは残念でしたね」とよく言われます。

もちろん、好きな野球を続けたい想いは強烈にありましたが、残念とはあまり感じませんでした。なぜなら、選手としては続けられなくなりましたが、トレーナーとしてまた野球を目指す、と考えていたからです。

選手からトレーナーへのシフトは、それほど葛藤なく自然に自分の中では果たすことができました。

トレーナーは、自分の持ち味を最大に発揮できる職業だと思っています。もし、高校以降も野球の選手を続けていたら、今、トレーナーの道を歩んでいるかどうかわかりません。

挫折があったからこそ、今のぼくがあると思っています。

挫折したときから、すべてがまた新しく始まるのです。

高校時代、ぼくは腰や肩の痛みに悩まされていましたが、専門的な医師やトレーナーに診てもらうということはありませんでした。けがをすれば、せいぜい町の鍼灸整骨院で処置をしてもらうぐらいです。レントゲンを撮って、「休め」とか「肩が痛ければ走る練習をしろ」とか、その程度のアドバイスがあるだけです。野球のメカニズムを理解し、特定部位の筋力が不足していないか、左右の筋力のバランスは取れているか、フォームは適切か、シューズは合っているか、そのような根本的な問題解決の糸口を示してくれる、今のぼくのようなトレーナーが近くにいれば、もう少し野球を続けられていたかもしれません。

アスリートが特定部位のけがを繰り返す場合、また慢性的な痛みが取れない場合、その周辺の筋力不足が原因になっていることが多いのです。または、けがをしたあとのリハビリが不十分で、筋力がアンバランスになっているということもあります。

例えば、足首の捻挫を繰り返すのであれば、足首周囲の筋力不足が考えられますし、膝の慢性的な痛みは膝周辺の筋力不足が考えられるということです。

高校時代のぼくを今のぼくが診れば、それぞれのウィークポイントを補強する方法や再発防止のケアを適切に指導できていたかもしれません。

専門の医師やトレーナーがいない土地で育ったことで、身体に適切なケアができず選手を断念し、それゆえトレーナーの道に進むことができた。そんな運命の連鎖もあるのかな、と思うこともあります。

前に述べたように、今のぼくの人間的な形成は小学校から高校時代にかけて、とりわけ高校一年までお世話になった最初の監督の「野球道」の教えによって培われました。厳しくもあり学ぶことも多い、まさに「道《どう》」の世界です。一年生のときに体に叩き込まれた「野球道」の教えは、二年、三年と続く厳しい練習にも耐えられる根性となってぼくの身体の中に貯蓄されていました。

延岡学園高校の野球部は、ほぼ全員が合宿所（寮）住まいです。寮は延岡市内から離れた山の中で、山を越えトンネルを抜けないと街には行けないような場所にありました。

グラウンドでは徹底的に走らされ（というか、歩くヒマなど与えてくれないという方が正しいかも）、春夏秋冬ひたすら走る毎日でした。そのときは「くそっ、なぜおれらだけがこんなつらい目に遭うんだ」と思っていましたが、そのとき養われたものは、今の自分を形成する大きな要素になっているのがわかります。

このようなこともあります。布団をたたんだ時に、カドが少しでもずれていると怒られるのです。授業が終わると寮へ帰り、着替えてグラウンドへ出ていく。すると監督が布団を見に行く。チェックし、布団が曲がっていると練習はしなくていいから寮に戻って布団をたたみ直して来い、と言われました。

野球をするのは当たり前。それだけでなく普段の生活もきちんとしろ、ということです。そういう教育を徹底的にされました。

何げなくやっていることが、将来にちゃんとつながる。

監督はそのことをぼくらに教えたかったのだと思います。

今、ぼくはその教えを肝に銘じています。

布団のきちんとしたたたみ方の指導から、ぼくが実践的に学んだことは「仕事は細かい部分まで丁寧に行う」ということです。

これはアメリカに渡り、メジャーリーグで仕事をする上で、再度気付かされたことでもあります。一流の選手は毎日やることが明解で、手順をきちんと踏んで行います。試合開始の何時間前から身体のメンテナンスを行うか、道具はいつ準備するのか、そういう時間の管理は非常に厳密に行います。行き当たりばったりだとか、気分で動くなどということはありません。そして、一つひとつの行動はきめ細かく、丁寧です。準備運動の仕方やグラブを自分で念入りに磨いている姿を見ると、毎日毎日が丁寧の積み重ねで成り立っていることがわかります。彼らは、丁寧に事を行うことが、やがてライバルと差をつける結果になることを知っているのです。

要は意識が高いのだと思います。

ただ、こなしているだけではなく、一つひとつ、あらゆる細かい行動すべてを、目的意識を持って取り組んでいるのです。

ぼくが、今、まがりなりにもメジャーリーグで仕事をすることができるのは、「丁寧」が重要なキー・ファクターとなっているからです。すべては、高校時代の布団のたたみ方の教えに端を発しているように感じます。

布団のたたみ方が悪いと、練習を中断させてまでもう一度やり直しをさせる。これは、一事が万事、小さなことをおろそかにすると、大きなこともおろそかになる、という教えであり、小さなことにどれだけ丁寧に取り組めるかによって、その仕事への意識の高さが測れてしまうということなのです。

メジャーリーグの一流の選手が、グラブを丁寧に自分で磨く。

それは、布団をきちんとたたむことと同じです。

その人の仕事に対する意識は、仕事ぶりに必ず表れるのです。

皆さんに後輩がいるのなら、なるべく丁寧に仕事をしている様を見せてあげてください。仕事への評価は、小さなことを丁寧に積み上げることでしか獲得できないということを早いうちから覚えるよう教育してください。

大きな目標を目指すのはいい。でもそれを達成させるには、地味な努力と丁寧な仕事の積み重ねが必須であることを実践によって理解してほしいのです。

そして、その「努力」や「丁寧」は、必ず自分の財産になります。ぼくが高校時代に恩師から教わったことが、今、かけがえのない財産になっているように。

## トレーナーは身体に触ってナンボ

アスリートの指導や育成を行う仕事には、監督、コーチ、トレーナーの三種があります。監督は全体の統括・指示、コーチはテクニックやメンタル面の指導、そしてトレーナーはアスリートの身体を管理し、より良いコンディションを維持していくための指導とけがの予防およびケアを担います。

トレーナーは他の二人の指導者のように表舞台には出ませんが、文字通りアスリートの「体を触る」という立場から、裏方であっても選手とのスキンシップは一番濃厚です。監督やコーチが知り得ない公私にわたる選手の情報を多く持っていますし、「身体」に関しては選手本人さえ知らない情報も得ているのです。

アスリートにとってまさに最大の財産であり武器でもある「身体」を司る役目を果たしている、それがトレーナーです。

ぼくは「トレーナーは身体に触ってナンボ」という言い方をよくしますが、これまで多くのアスリートたちの身体に触り、筋肉や骨の状態を確かめてきた経験がトレーナーにとっての一番の貯蓄財産になっています。

鍼灸の学校でぼくは人間の「身体」に関するさまざまな知識と鍼灸のスキルを習得し、鍼灸師の資格を取得しました。

学校で鍼灸の練習は学生同士で行います。お互いの足で練習するのですが、最初のうちは誰でも上手くいかず、打たれれば痛みしか感じません。このツボにこう打てば痛みはなく効果が期待できるということは授業で学ぶのですが、しかし、実践となるとコンマ数ミリレベルで正確な深さに鍼を打つ施術はやはり難しく、何度も経験を積んで少しずつ上達していくのです。そのうちに身体に触れる手や指の感触でツボを発見することができるようになります。まさに「身体に触ってナンボ」の世界なのです。

鍼灸は古代中国から伝わる東洋医学の分野で、人間の体の中に流れる「気」というエネルギーの流れを潤滑にするために、経路の要所に表れているツボの部分に刺激を与える治療法です。

それに対し、西洋医学では、まず「骨格」があって「筋肉」があり、「血液」と「神経」がそれに作用することによって体が動くという、体の各器官の有機的な組み合わせに焦点を当てた治療を行います。

どちらが優れているとか、正しいというのではなく、そのどちらもが有効であるが正解は一つではないというのが、いろいろなアスリートたちの身体を触って得た経験から言えることです。

トレーナーの仕事はオーダーメイドです。

どの選手たちにも決まった規格の商品を売るわけではありません。百人の選手がいれば、百通りのトレーニングや治療の方法があるのです。西洋医学の観点から「骨格」や「筋肉」に焦点を当てたマッサージやストレッチを行い、状態が改善しなければ鍼治療も導入します。選手のパフォーマンスを向上させるためには手段にはこだわらないという主義をぼくは押し通しています。

一つの方法に固執することなく、状況に応じて最良の選択をしていく。これは、あらゆるビジネスの世界で通ずる方法論ではないかと考えます。

ぼくが通っていた学校では、鍼灸を専門にする先生だけでなく、西洋医学の知識を備えた先生もいらっしゃって、さまざまな角度から治療に関しての知識を学ぶことができました。その中にあり、ぼくはどちらかと言えば西洋的なアプローチに傾斜し、骨と筋肉に関しては内窪に聞けと、周囲の仲間たちからはこのように見られていました。

もちろん、東洋医学を軽視していたわけではありません。スポーツの分野で仕事をすることを目指していたので、東洋医学だけでなく、「骨格」や「筋肉」のメカニズムや、そこに焦点を当てた治療法も勉強したいという欲求が強かったのです。

しかし、前述したように、鍼灸の知識・技術は今の治療やトレーニングにも採り入れていますし、その引き出しの多さがぼくのトレーナーとしてのスタイルになっていますから、学校で東洋医学を学んだことも大きな財産になっていることは間違いありません。

学校では理論の習得。そして、スキルの獲得は現場で覚えるのが一番という思いから、ぼくは「身体を触る機会」をいろいろ探しました。たとえば、鍼灸整骨院でのアルバイト。先生が治療や施術をするその前後に患者さんの体を触らせてもらうのです。わからないこと、疑問に思ったことはすぐにその場で聞くことができ、また回答もすぐに得られるので、リアルな治療の感触を得ることができました。

また、本格的に野球に取り組んでいる地域のクラブチームにトレーナーとして参加させてもらうという活動もしました。これは将来の自分の目標を見据えて考えたことですが、ある程度のレベルにあるアスリートが集まるチームでケアやトレーニングをさせてもらえば確実に力がつきます。実際、このときの経験が、学生だったぼくの気持ちを発奮させ、おれは絶対にプロになれるという手応えを芽生えさせてくれたのです。

## 俯瞰して視るということ

鍼灸学校時代、トレーナーの基本スキルをそれこそ数えきれないほど習得しましたが、どんなスキルを試そうとも、まず頭に入れておかなければいけないのは、人間の身体の構造です。人間の肉体はどんな精密機械と比べても複雑にできていて、かつデリケートです。しかし、運動機能だけを取り出してみれば、その動きの原理は自動車と近いものがあります。

運動のエネルギーを生み出すエンジンは筋肉です。ガソリンに相当するのが血液、電気系統が神経、フレームに相当するのが骨格です。

トレーナーの主な仕事は、エンジンとフレームの管理です。

エンジンやフレームがトラブルを起こしたり、フレームが破損したりすれば、車は走ることができません。アスリートも同じことです。

しかし、自動車ならボンネットを開けて、目で見て直接触りながら点検すれば良いのですが、人間の身体はそういきません。トレーナーの仕事はエンジンとフレームの管理でありながら、そのエンジンやフレームは目に見えないもの、直接触れないものなのです。

そこでトレーナーは身体の表面を触り、選手の身体のエンジンやフレームの状態を触感によって判断していくのです。マッサージは筋肉をほぐすという役割だけではありません。指先をセンサーにして選手の体の中の筋肉や骨格の状態を確認しているのです。手を通じて得られる情報は三次元の画像となって頭の中に映し出されます。

マッサージだけでなく、鍼を打つ時もそうなのですが、トレーナーは選手の体を上から目で眺めながらも、頭の中では、下からも、斜めからも、横からも立体的な構造として捉えています。そして指先から送られてくる情報をもとに、この部分にこの強さで刺激を与えることで、身体の中でどのような変化が起きるのかをイメージするのです。

ぼくは、対象をある一点から見ながらも、違った角度からも同時に視ているといったトレーナー視線を、「俯瞰で視る」という言い方で表します。

俯瞰で視る、さまざまな角度から視る、という「視方《みかた》」はトレーナーにとってとても大切なことです。人間の筋肉（エンジン）や骨格（フレーム）の状態は常に一定している、言葉を替えれば常にバランスが取れている状態とは限りません。ましてや、筋肉や骨格に過剰な負荷がかかるアスリートたちの身体は、あちこちでトラブルが生じています。ある箇所のトラブルは、別の箇所に影響を及ぼします。肘のトラブルは股関節に、腰のトラブルは膝に、というトラブルの連鎖が起きます。だから、全体を俯瞰で視ることが重要なのです。

物事を俯瞰で視ることができるようになるメリットは、治療やトレーニングの世界だけに生かされるわけではありません。ぼくはそれを自分の生活の中にも採り入れています。そして、二つの利点を感じています。

まず一つ目は、自分を客観視できるということです。俯瞰で視る、つまり高みから一歩引いた目で自分の今の状態を眺めることで、周囲の状況も見えてきます。すると、例えば自分が落ち込んでいる状況やカッカとしている状態が、周りから見ればたわいのないことだということが分かることもあるのです。「なんだ、別に落ち込む必要もないじゃないか」とか「落ち込んでいるヒマがあったら動こうぜ」などと、自分が自分に言い聞かせることで前向きな行動が取れるようになります。何が起きても、俯瞰でそれを眺めることで冷静に対処できるということもあるのです。そうすることにより余計なストレスも解消できます。

何かトラブルが自分に降りかかる。それを真正面から受け止めてしまい「どうしよう、どうしよう」と右往左往してしまうことは皆さんも経験があると思います。しかし、俯瞰でそのトラブルを見据え、自分との間に距離を置く、間を作ることで、そのトラブルが客観的な事象となり、冷静に行動することができます。

「明日、動けば間に合うな。だったら今日は別の事をやろう」

「解決方法は、〇〇と△△がありそうだ。今回は〇〇を選んだ方が客先に迷惑を掛けずに済むな」

要は、事象にぴったりと寄り添い過ぎるからテンパってしまうのです。俯瞰で捉えることで、全体が良く見渡せる状態になり、解決方法や適切な行動が見えやすくなります。

もう一つは、相手の価値観にも寄り添えるということです。

もし、あなたが上司から飲みに行こうと誘われたとします。あなたはその上司が苦手で日頃から価値観の違いを感じています。しぶしぶ嫌な気分で付いて行くと、予想した通りオヤジ系のカラオケスナック。それでまた、嫌な気分が倍増してしまいます。この時点で心はふさぎ込み、ストレスが兆し、「勘弁して欲しいな」とため息が出そうになります。なぜか。それは前述したように、あなたが事象にぴったりと寄り添ってしまっているからです。だから反発心が生まれてしまうのです。

でも、このような状況を俯瞰で視ると、また違った見え方が現れます。「そうか。世のおじさんたちはこういう場所でストレスを発散しているのか。L字型のソファ、派手な衣装のオネエさんたち、カラオケは一昔前のJポップス、こういうのが好きなんだ」と客観的に状況判断をし、自分とは相容れないけれど一つ勉強になった、ぐらいの感覚で少し突き放して見ればいいのです。

上司の世代の人たちが「若いモンの考えていることはわからない」と嘆くのをよく耳にしますが、それは彼らが俯瞰でものを見れずに自分たちの価値基準で何事をも判断しているからです。自分たちの価値基準でしか見られないから「分からない」のです。俯瞰で視れていれば、上司の世界観に嫌悪することなく一歩離れて客観的に物事を捉え、上司の好みの世界を面白がることもできます。

## 決めつけをしない、やり方に固執しない

トレーナーの修業時代、周囲の仲間たちと比べ腕に自信はありましたが、例えば鍼の場合、打つ方のスキルの向上ばかりに目がいくと、肝心の「打たれる方」の立場に立つことがおろそかになることを身をもって経験しました。鍼にしろマッサージにしろ、主役は受ける方の人です。

アスリートたちは嫌な時は、何らかのサインを出します。「痛い」と声を上げてくれれば良いのですが、ぼくらに気を使ってじっと我慢をすることもありますし、プロのやることに逆らってはいけないという意識も働くのだろうと思います。しかし、それでも嫌なときは嫌だという、ほんの微かな意思を示すのです。それを見逃さないのがプロだと思います。自分の手技にだけ意識を集中するのではなく、相手の状況も常に意識下に置いて手を動かしていかなければなりません。

学生の頃は手技の獲得にとにかく夢中で、仲間を患者役にしていろいろ学んだことを試していましたが、逆に自分が患者役になることもありました。そのときはじめ

て、患者の気持ちが理解できるようにならなければいけないな、と痛感したのです。相手は夢中でぼくの足に鍼を打とうとします。「そこじゃない、痛い」と目で訴えるのですが、相手は鍼を打つことだけに集中していてぼくの方をまったく見ようとしません。痛いと声を出して初めて気が付きます。ああ、きっと自分も同じようにやっているんだろうな、とそこで反省するのです。

痛いのか、つらいのか、耐えているのか、リラックスしているのか、選手のそのときの状態を常に思いやり、また、怒りが兆しているのか、元気をなくしているのか、うきうきした気分なのか、そのときの感情を受け止めながら治療・トレーニングを行うようにすることが大切だと思っています。

これもコミュニケーションの一種なのではないでしょうか。ぼくは選手に対し嫌なことは絶対にしません。選手が嫌がるだろうことは敏感に察知し、無理な施術は行いません。

「キミの身体のことは私が一番良く知っている。だからキミは私から言われた通りの練習をしていればいいのだ」

そんな風に豪語するコーチやトレーナーを信用してはいけません。漫画やドラマの世界だけで通用する絵空事です。

コーチにしろトレーナーにしろ、彼らはあくまでアスリートを助ける存在です。アスリートの身体はアスリート本人しかわからない、最良のコンディションを保つよう努力するのはアスリート自身だ、というのが原則です。ぼくたちトレーナーはアスリートが気付かない欠陥を指摘したりケアをしたりしますが、トレーニングの主役ではありません。あくまでサポート役なのです。

しかし、勘違いをしているアスリートもいないわけではありません。彼らは、練習や試合で疲労すればすべてトレーナーの手に身を委ねてしまえばいい、コンディションを維持するのはトレーナーの仕事だと考えます。そういう人に限って、最低限自分で行わなければならないクールダウンやストレッチさえも十分に行っていない場合が多いのです。

けがをしてもトレーナーに任せきりだったり、治療施設に行って手当てをしてもらうだけ。その時に、なぜそのけがをしたのか、なぜこれほど痛むのか、自らその原因を追究することをせず、根本的な解決策を見つけようとしないので、痛みが取れてまた練習を開始すると同じところにけがをしてしまう。そんなことを繰り返すケースも少なくありません。

一流のアスリートたちは、自分の身体を良く知っています。他人に頼らずとも自分自身でコンディションをコントロールできる人たちです。彼らは自分の身体を熟知し、今自分のコンディションがどのレベルにあるのかをしっかり把握できています。ピーク時の七〇%なのか、八〇%なのか。それを一〇〇%に持って行くには、どんなトレーニングが必要なのか。自分の身体のウィークポイントはどこで、それを克服するには何をすれば良いのか。それらをきちんと把握し、コントロールする努力を決して怠りません。

一般の人たちがトレーニングを行う際も同様です。自己管理をきちんとしないと大きなけがをしたり、ある部分に慢性的な痛みを引き起こしたりします。トレーニングをしよう、あるいは鈍った身体を鍛えようと思う人は、次のような基本的なチェックポイントを頭に入れて取り組む必要があると思います。

・基礎的な筋力が備わっているか？
・体脂肪が過剰に蓄積されていないか？
・練習前のストレッチを行っているか？
・ウォーミングアップ、クーリングダウンを十分に行っているか？
・栄養のバランスが取れた食事を心掛けているか？
・睡眠は足りているか？

・練習後に故障している箇所にアイシングをしているか？
・シューズは足にフィットしているか？

このような事項がトレーニングを行う際の「条件」になってくると思います。他にも自分に課すべきいろいろな条件を加え、チェック表を作り、自己管理をしながらトレーニングを行うことをお勧めします。

「鍼灸が一番効き目があるから自分は鍼しかやらない」「自分流のマッサージにこだわる」「カイロプラクティックが優れているからそれを積極的に採り入れる」……それぞれに言い分はあります。絶対にこれしかない、こうするべきだ、と自分の流儀を押しつけてくるトレーナーもいます。それぞれに自信のある分野があり、それが最も効果があると信じているのです。

しかし、ぼくは決めつけをしません、一つのやり方に固執しない、こだわらない、というのがぼくの流儀です。

一〇〇人の選手がいれば一〇〇通りの対処の仕方があるのです。A選手とB選手ではマッサージのやり方も違うし、鍼の打ち方も違う。マッサージが有効だと思えばやるし、あまりやらない方がいいと思えば抑えます。

例えば、十代のアスリートにマッサージばかり行うのはどうかと思います。彼らの筋肉は自己回復力に優れています。極端な話、全然マッサージなどしなくても自然に筋肉はほぐれていくのです。それなのに、ひたすらマッサージばかりを行うトレーナーを見かけます。

トレーナーがこれが正しいと言えば、選手はたいていそれを信じてしまいます。鍼を打たれれば、それが今自分の身体には必要なのだと思うだろうし、マッサージがずっと続けば、自分の筋肉はとても硬くなっているんだな、と理解しようとします。

しかし、トレーナーは医師とは違い、患部を直接見たりレントゲンで確かめたりして、常に的確な治療を行える立場にはいません。この処置が一〇〇%正しいと断言して施術を行うわけではないのです。目で見て、手で触り、筋肉や骨の状態を確かめ、いくつもの引き出しから適切だと思われる方法を探り出し、これがだめならまた別の引き出しの方法を試してみるというやり方しかできません。今、鍼を打つのが正しく最良の処置なのかどうかがわからないこともあるのです。

そういう点で、トレーナーの治療や処置は、ある意味グレーだと言えます。

しかし、ぼくは、その決めつけないグレーの部分が大事なことだと思っています。

またぼくは今、野球の選手のトレーナーをしていますし、過去にはゴルフの選手のトレーナーもやりましたが、野球とゴルフに対象を限定しているわけではありません。陸上のアスリートにも、ボクシングの選手にも治療・トレーニングできる自信はあります。

勝手に看板を付けられるのは本意ではありません。

特定の手技・手法にとらわれず、アスリートの競技種にもこだわらずにやっていこうと決めています。自分の可能性を信じて。

繰り返しますが、これがぼくの流儀なのです。

第3章

# 素晴らしきアスリートたちとの出会い

## プロ野球オリックスでの経験、女子プロゴルファーの指導

# オリックスの四年間

二〇〇二年から二〇〇五年まで、ぼくはオリックス・ブルーウェーブ（現オリックス・バッファローズ）でトレーナーをしていました。もちろん、まだ独立をする前で、チームの一員として仕事をしていました。皆さんと同じく、オリックス・ブルーウェーブという一企業の社員としてです。

舞い上がりました。まず、最初の大きなハードルをクリアした感触を得ました。プロの野球チームで、プロの選手たちの治療・トレーニングを行う。これはまさに、高校時代に選手としての可能性を失ったぼくが、選手でなくてもいいから野球に関わっていきたいと心に期した悲願の達成だったからです。

しかし、ぼくが所属していた四年間、チームは低迷していました。監督はほぼ一年ごとに変わり、成績は四年間のうち、三年が最下位でした。近鉄との合併劇などもあり、常にチーム内は混沌とした空気に包まれていて、頑張っているのに結果が出ないという焦燥感にかられていました。

合併時にはトレーナーも近鉄から合流しましたが、それぞれのチームで考え方ややり方の違いもあり、お互いあまりの環境の激変に戸惑いが隠せず、すぐに順調に連携が取れるというわけにはいきませんでした。

でも、まだ社会の荒波に遭遇したことがなかったぼくにとって、合併に伴うさまざまな混乱を経験したことは今でもプラスになっていると思います。一つのチームがなくなってしまうこと、二つのチームが合体すること、それがどれほどのエネルギーを発生し、人々を発奮させ消耗させるかを目の当たりにしたのは、社会に出たての人間にとっては、「競争社会で生き抜くことは大変なことなんだ」と思い知る大きなきっかけになったのでした。

当時、オリックスが安定したチームであったなら、ぼくはプロ野球チームに入ったという満足感で、そのまま安定志向の道を歩んでいたかもしれません。生活もとりあえず保障され、プロ野球の世界にいるだけで、周囲からは一目置かれるわけですから。でも、ぼくは四年で次のステップを目指すべく、辞めることにしました。

チームが不安定で低迷していたということが理由ではありません。ぼくがトレーナーとしてぼくらしさを発揮できなかったということ。もちろん、まだ自分らしさを獲得するほどの知見も経験もなかった時期で、生意気に聞こえるかもしれませんが、ぼくの目指したいトレーナーの方向とは違うのではないか、という思いが常にあったのです。

その思いが正しいのか、間違っているのかはわかりませんでしたが、ぼくは自分の思いに従うことにしたのです。そして、無謀（？）にも、飛び出す道を選びました。せっかく入社した有名な企業を後にし、また就職活動を行うのではなく、とりあえず独りでやっていこうと決心したのです。あまりに世間知らず。あまりに楽観的。そう思われても仕方がないですね。今、思い出しても冷や汗が出ます。


でも、もしかするとその頃からぼくは組織に属することが自分には向いていないと自覚していたのかもしれません。

少し、カッコいいせりふを言わせてもらえば、「おれは群れるのは性に合わない」ということです（逆に言えば協調性に欠けるという意味ですよね）。

スポーツトレーナーとしてさらなる高みを目指す、そう自分に言い聞かせた途端、今の環境にいたのでは難しい、と感じました。本気で実力をつけ、チャンスに巡り合うためには、自分の場合、組織の中ではうまくそれができないと直感的に悟ったのです。世の中には組織の中でこそ力を発揮でき高い評価を勝ち得ている人と、自由な環境で持ち味を生かせる人がいると思いますが、自分は間違いなく後者であろうと。

組織の中では、自分の真の実力がどの程度かわかりません。フリーランスになれば、嫌でも自分の実力、ありのままの姿がむき出しになります。

その若さで飛び出して生きていくのはまだ無理なんじゃない。無謀すぎるよ。

周囲からはそう見られていたかもしれません。

でも、若いから無茶ができるのです。まだ二十代、失敗しても次がある。そう自分に言い聞かせました。


オリックスを辞めて一番に感じたこと。

自分には膨大な時間がある。

つまり、いくらでも動けるということ。また、動け！動け！とにかく動けの毎日が始まりました。

組織の中にいると、その組織の時間の動きに合わせなければなりません。おそらくぼくには、組織の中で循環する時間の動きに自分をなじませることがうまくできなかったのかもしれません。

もちろん、組織の中にいてこそ実力を発揮できる人がいることをぼくは否定しません。おそらく、そういう人の方が多いのではないでしょうか。でも、いわゆる看板を背負っているだけのビジネスパーソン、組織の、会社の名前だけを頼りにして仕事をしている人はいつまでたってもアマチュアだと思います。

オリックス・バファローズの内窪のことは周囲の人は覚えていてくれているでしょう。

しかし、オリックスという看板を外したときの内窪を一体何人の人が覚えてくれるでしょうか。

内窪個人ではなく、オリックスとセットで名前を覚えてくれていたのですから。

看板を背負って仕事をしている人は、自分がまがりなりにも仕事ができているのは会社のおかげだということを忘れている。反対に、会社名に頼らないで仕事をバリバリこなしている人は、自分が会社の一員だという誇りを持って仕事をしている。ぼくには、そう見えます。

## 有村智恵選手をサポート

二〇〇六年、有村智恵選手のトレーナーを一年契約で務めました。

フリーランスになってすぐにこんな有名な選手のサポートがよくできましたね、と言われることもあります。でも、当時、彼女はまだ高校三年生。東北女子ジュニアゴルフ選手権を制したり、日本ゴルフ協会アカデミック・ゴルフ・アウォード高校生の部で奨励賞を勝ち取っていたり、それなりに注目されてはいましたが、まだまだ一般の人たちにまで名が広く知られているというほどではありませんでした。

ぼくがトレーナーの駆け出しならば、彼女もプロゴルファーの駆け出しといったところです。

ぼくが有村選手のトレーナーを始めたのは、二〇〇六年の一月からでしたが、その年の七月に彼女はプロテストを受けました。二位に七打差をつけるトップで合格し、翌月、日本女子プロゴルフ協会の正会員となります。

絶対にトップで合格する、と有村選手は公言していました。一一月まで続くシーズンのほぼ全ての試合に、トップで合格した選手だけが出られるのです。だから、何がなんでもトップになると。それが彼女の当面の目標です。必死でした。その思いがぼくにもひしひしと伝わってきました。

技術指導、つまりコーチは彼女の父親が担っていました。ぼくはゴルフに関しては素人同然でしたが、いろいろな勉強をさせてもらいました。夏場でしたので、特に体調管理に気を使いながらトレーニングを行いました。トレーニングを始めてすぐにわかったことは、センスが抜群であること。骨格や筋肉のつくりが素晴らしいこと、つまり身体的に恵まれていること。要は「持っているものが違う」ということです。

トレーナーとして彼女のプロテスト合格にどれほど寄与できていたかはわかりません。ともかく自分のこれまで得てきた技術を出すだけ出し、持ち前の負けん気を発揮して、たまたま結果が良かったというだけのことだと思います。

もちろん、今は違います。上原選手のトレーニングを行うということは、「狙って結果を出す」ということ。今がプロのトレーナーのレベルだとすれば、有村さんの頃はまだトレーナーとしてはプロはプロでも、余裕がなく手探りの状態で、必死さだけを武器にしてやっていたという段階でした。でも、その必死さが報われたのだと感じます。フリーランスとは言っても、選手との契約はマネジメント会社を通してで、有村選手とは一年の契約でしたが、その一年間はトレーナーとしてかけがえのない経験を積んだ一年だと言えます。

高校生から社会人になりたての、非常に微妙な、いわば子供でもあり大人でもある時期の女性の身の回りの世話をし身体の管理をする。口で言うのは簡単ですが、非常に神経を使うことだということは想像していただけるでしょう。

ぼくは、自分に次のような取り決めを課しました。「いい加減な対応はするな。本気でぶつかれ」「年下であってもリスペクトを持って接する」「これはいい、これはダメははっきりと伝える」

ゴルフというのは生活のリズムを乱さないために、時間を厳しく管理しなければいけないスポーツです。決められたことを決められた時間にきちんと行う。そこは特に厳しく指導しました。時間を守る、時間を乱さない、は当たり前のこととしてしっかりやろうと。もちろん、彼女は自覚をしていたし、ぼくの忠告に真摯に耳を傾けてくれ、協力してくれました。

相手が女性であることはもちろん意識しなければならないことですが、過剰な意識は禁物です。距離を取るところは取る。依存してきたらできるだけ受け入れる。それは男性だろうと女性だろうと同じです。

また、押さえれば押さえるほど反発をしてくることもあります。時にドカンと噴き出したりもします。でも、それがアスリートだと思います。従順なだけではいいアスリートにはなれません。反発するパワーがない人はプロの世界では通用しないのです。

有村選手とは、本当に家族のように接しました。コーチをやっているお父さんとも親しくさせていただいたし、それこそ運転手から、身の回りの世話から、何でもやりました。丸々サポートといった感じです。ぼくも新人だったし必死でした。何でもかんでも貪欲にこなし吸収する。たった一年でしたが、その間、ぼくは間違いなく有村さんの家族の一員でした。だから、契約が切れた後も、彼女があれほどの活躍をしていることは、ぼくにとっても誇りのように感じます。もっとも多感な、プロゴルファーとして大事な一歩を踏み出すときに、自分は家族として支えたのだと。

二〇一二年までに有村智恵選手は国内で一三回の優勝を飾りました。一つ勝つのが大変な世界でこれだけの実績を上げるのは本当にすごいの一言。

彼女には常に欲がありました。人間は欲がある限り成長するものだということは、有村選手と一年間一緒に仕事をしてつくづく感じたことです。「やる気」や「負けないぞ」という気持ちをずっと維持していくのは、欲があればこそです。彼女がぼくに教えてくれた一番大切なことだと思っています。

有村選手とはまさに家族のように接し、喜怒哀楽を分かち合うことができましたが、実は意外と日本では珍しいことだと感じています。先日、アメリカで活躍されている日本人トレーナーと話をした際、彼はこのように言っていました。

「アメリカ人はドライだと良く言われるけれど、日本人とはまた違った心の温かさを持っているのではないだろうか。思いやりがある。あれだけ国土が広いので地域的な違いがあるのかもしれないが、ぼくらを常に選手の家族のように見ていてくれた」

このことはぼくも大いに実感していたので同意しました。

上原選手にとってのぼくは、いわば周辺にいる人間です。スタッフの一員です。でもそういう人間を周囲は家族のようにいつも温かく迎えてくれ、家族として見てくれています。

上原選手がいいピッチングをして抑えれば、ぼくにも「グッドジョブ」と称賛してくれます。リスペクトしてもらえるのです。

日本のスポーツ界ではこれが足りない、と現状を見ても自分の経験を振り返ってみてもそう感じています。トレーナーはただ治療・トレーニングをする人。いつまでたってもその地位に甘んじ、その地位が向上することもない。選手もやってもらって当たり前の感覚でいる人が多く、きっちりと線引きして、トレーナーといえども自分の世界に入らせることをしません。

しかし、意地悪な見方かもしれませんが、トレーナーにとってもそのように線引きされることによって責任の範囲が限定され、楽なのかもしれません。

上原選手のトレーナーになったばかりの頃、すぐに足のけがに見舞われました。トレーナーのくせに何をやってるんだ、と言われました。けがはぼくの責任ではない、と思いましたが、それはぼくも選手とトレーナーの境界を決めていたからそう感じたのです。選手が勝手にけがをしたのであり、自分は関与していない、と。日本ではその理屈が通じていたのです。

でも、アメリカでは、選手とトレーナーは一体の存在。選手が活躍すればトレーナーも称賛され、選手がけがをすれば、状況がどうあれトレーナーも知らないではすまされないのです。チームの好不調は監督やコーチや選手と同じようにトレーナーも同列に責任がかかっている。そういう存在なのです。それは言いかえれば、トレーナーの地位が高いという証でもあると思います。

## 何でも「?」マークをつける

有村選手のトレーナーを行ったことで、そして彼女が成功したことで、ぼくもこの世界、競技の現場でアスリートたちのケアをするスポーツトレーナー（アスレチックトレーナー）としてやっていけそうだとの手応えが、まだほんの少しですが芽生えてきました。

周囲を見渡すと、プロのトレーナーは年配の人も多いのですが、実際は職業として確立した歴史はそれほど深いものではなく、そのせいかトレーナーの定義はあいまいで、同じ医療に近い立場にいても医師や看護師、理学療法士などのように職業名を聞いただけで何を行う仕事かが明確にイメージできる人は少ないのではないでしょうか。

これまでにも述べてきましたが、スポーツ分野のトレーナーに関しては「アスリートが一〇〇%の力で安全に競技に集中できることを手助けする仕事」というのが、抽象的ではありますが的を射た言い方だと思います。ここでは「手助けをする」というのがキーワードです。

これも何度も強調したい点なのですが、アスリートのコンディションはアスリート自身が管理するというのが基本です。トレーナーに任せきりで自己管理ができていないアスリート、自分の身体や今のコンディションに想像力が及ばないアスリートは強くなれません。また、アスリートに情報を与えず、何でもかんでもアスリートに代わってやってしまうトレーナーというのも感心しません。

極端な言い方をすれば、このようなアスリートとトレーナーの関係でいると、そのトレーナーがいなくなってしまうと、アスリートは途方に暮れて何もできなくなってしまうということになります。

あくまでアスリートたちが自分でどうしたら強くなれるのだろうかと考え、自分で答えを見つけ、自己管理できるように誘導するのがトレーナーの役割です。アスリート自身が自分で「こうしなければいけない」と気付き納得して行うのがポイントで、トレーナーが無理強いしても長く続けられるものではありません。

トレーナーは「アスリートが自己管理を高められるよう手助けをする」「教育をする」「ヒントに気付かせる」のが仕事です。そういう意味ではコーチに近いイメージがあるかもしれません。優秀なコーチはポイントだけを教え、選手が自分で気付くのを徹底的にサポートする役割に徹している人だと思います。

もちろんトレーナーの仕事はそのようなアスリートの自己成長・自己管理のサポートをすることだけではありません。それが車の片輪だとすれば、もう一つの輪は、言うまでもなく身体そのもののケアと管理です。マッサージや鍼などの手技、アスリートがけがをしたときには医師に診せたりリハビリテーションの段取りを立て、競技復帰までを二人三脚で援助するという実際的な行動をすること。そして、再発防止に向けてトレーニングメニューを改変したり、日常生活の細かな習慣についての改善指導を行うことです。

アスリートたちを「手助け」するぼくらのようなトレーナーやコーチは、常に「?」を頭に貼り付けて仕事をしています。「これはきっとこうだから、こうすればいい」との安易な決めつけはとても危険だと心得ているからです。

ですから、選手がけがをした場合も、頭の中に「?」をいっぱい貼り付けてケアを行います。

けがはアスリートの宿命です。スポーツは常に肉体のギアを最高の状態にして敵に向かう、あるいは記録に挑戦するわけですから、時に肉体が軋みを上げ、臨界点を超えてしまうこともあります。そのために日ごろからけがをしない身体にコンディションを整えていくわけですが、それでも一〇〇%けがを防ぐことはできません。

大事なのは、けがをしてしまったときに、どういう対応を行うかです。繰り返しますが、安易な決めつけは命取りになります。

まずは、けがを知ること。「そのけがはどのような状況で起こったのか?」「そもそものけがの原因は何か?」「選手はどこを痛めたのか?骨か、靭帯か、筋肉か?」「今すぐにやらなければいけない適切な処置は何か?」。頭に貼り付けた「?」を順番に一つずつ吟味し、判断を下していきます。

けがを知ったあとに、「どうすれば早く復帰できるようになるのか?」「二度と起こさないためにはどのようにすればいいのか?」と、次に今後の対策に頭がいきます。常に「?」を貼り付けて対応するのです。

「?」を常に頭に貼り付ける、つまり常に疑問を持って物事を捉えるというのは、日常行動の中でも癖のようになってしまっています。

例えば、道を歩いていて行列のできているラーメン店を見つけたとします。片や、すぐ近くにあまり客の入っていないラーメン店があったとします。

どうして、あの店には客が大挙し、あちらの店は閑散としているのだろう?すぐに想像がつくのは、「味の違い」「値段の違い」です。でも、果たしてそれだけだろうか。それだけの違いだろうとすぐに決めつけていいのだろうか、とぼくの頭の中には「?」が灯ります。

で、その「?」を解消するためには、実際に試みてみるのが一番です。二店の客となり注文をし実際に食べてみる。その工程でようやく「?」に対する答えが出ます。

値段は変わらない。いい勝負でした。麺の味もそれほどの違いがあるとは思いませんでした。客の少ない店も決してまずくはなかったのです。しかし、メニューの豊富さが段違いで、行列の店では二〇以上の種類がありトッピングの数も半端ではありません。つまりいろいろなバリエーションのラーメンが楽しめるのです。それと量の違いも明らかです。行列の店ではトッピングのさまざまな野菜やチャーシューが丼から溢れるほど載せられています。おそらく客のほとんどが、この量に感動の声を上げると思います。

普通に先入観を働かせれば、両店の違いは「値段」と「味」だろうとなりますが、実際には「量」と「種類」だったのです。

こうだろう、との先入観を疑う。僕らの仕事はまずそこから始まります。選手の膝が故障した。それは無理な動きが重なって膝に負荷がかかっているから。本当にそうなのか？シューズに問題はないのか？

## 情報の交通整理をする

有村さんのトレーナー契約が終了してからは、そのまま引き続きスポーツトレーナーとして野球チームやアスリート個人と契約する道とは別に、腰を落ち着けたい、拠点を設けたいという思いもあって、大阪で治療院を開設することにしました。大阪に居を構えたのは、付き合いのあったオリックスの選手が身体を見て欲しい、トレーニングをしてくれないかと声をかけてくれたからです。もちろん、プロの選手だけを相手にして治療・トレーニングを行う施設ではなく、一般の人たちの治療も行います。

そんな折に、北京でのプレ五輪のトレーナーの話がきたのです。それは星野仙一さんとの接点がきっかけでした。

ぼくは自分の治療院をやりながら別の治療院にも出入りし、アドバイザーのような形で治療・トレーニングを指導したり実施したりしていたのですが、そこのオーナーが星野さんと知り合いで、その人を介して星野さんと会うことができたのです。

星野さんから依頼され、チームにトレーナーとして参加し、一か月ぐらい合宿などで一緒に過ごすことができました。これもぼくにとってはとても貴重で、かけがえのない経験でした。

星野さんは、まさに見たままの人。熱い人。そして気遣いの人。選手だろうがスタッフだろうが、またその家族だろうが、分け隔てず接してくれます。

二〇〇七年、星野監督率いるチームのスタッフとして北京に行きました。プレ五輪ということで選手たちはプロの二軍が中心メンバーですが、アマチュアの選手もいました。監督やコーチはオリンピック本番のメンバーです。結果は当たり前に「優勝」です。


少しずつプロのアスリートたちと仕事ができるようになり、ぼくは高校時代から叩き込まれた教え、「丁寧に行うこと」をますます大事なこととして心掛けるようにしました。それは星野ジャパンで治療・トレーニングをするときも意識し実行したことです。

「丁寧」に選手に接することと言っても、特別変わったこと、奇をてらったことを行うわけではありません。

たとえば時間の管理。選手の行動を細かく具体的に設計すること。抽象的に目標を決めるのではなく、今は何をする、次に何時から何をする、順番とやる事をかなり細かく決めて行うということ。それによって時間は無駄が排され、だらだらと過ぎることなく引き締まったものになります。

また、選手の持っている情報の交通整理を行うということも挙げられます。選手には情報がいろいろな媒介を通して集まってきます。選手が有名になればなるほど集まってくる情報は膨大なものになってきます。特にネット時代になってからは防御しようがなく、垂れ流し状態で情報が溢れてきます。トレーニングの情報、食事の情報、健康管理の情報。選手たちもその中からいろいろ有効だと思うものを集めてはきますが、果たしてそれが正しいことなのかどうか、なかなか判断は難しいものです。

ぼくが見る限り、自分の専門分野である「身体」に関しては基礎編を通り越して、応用編の知識ばかりが目立つような気がします。

いらない情報を排除し、応用だけでなく基礎情報も採り入れ、体系的に正しく整理をする。それも「丁寧に行うこと」の一つであり、自分の仕事の重要な一部だと思うようになってきました。

情報を目の前のパソコンやモバイル機器で簡単に集められるようになり、確かに利便性は増しましたが、よく観察すると目的もなくだらだらとネットサーフィンしている人がぼくの周りにも結構います。

しかし、それほど目新しい情報が公開されているわけでもないはずです。すでにどこかで見聞きした情報ばかりが、あれでもか、これでもかといろいろな人の口を通して語られているだけです。このような玉石混交の情報の中から有用情報を峻別する作業はまったく徒労のような気がします。有用な情報は、入ってくるものではなく自分から探しに行くものだとぼくは思います。それはネットの中にだけあるのではなく、書籍で見つけられたり、人の口から教えられたりもするはずです。

情報があふれる今の時代を生き抜く上で重要なことは、いかに情報を集めるかではないとも思います。

重要なのは、いかにしてあふれる情報を捨てていくかではないでしょうか。

## 馬場ゆかり選手の専属になる

二〇〇八年、プロゴルファーの馬場ゆかり選手からトレーナーのオファーが来ました。一週間のうち試合が金・土・日曜日と三日間続きますので、ぼくは水曜日に入って水・木の二日間トレーニングを行うというローテーションの契約をしました。

試合中はナーバスになっていることもあり、むやみに細かい指示や忠告をすることはしません。もちろん身体のチェックは念入りに行い、疲れを残さないようなトレーニングは行いますが、余計な口出しはせず、試合中はとにかくけがをしないこと、思い通りの試合展開ができること、それをひたすら祈るだけです。

女子は三月から一一月までのシーズン中、三五試合ほどを消化します。過酷な労働です。トレーニングのポイントは、良好な状態をシーズン終了までキープさせること。シーズン開始までに身体を作り、調子の良い状態をできるだけ長く維持させることです。三月の状態からどんどん上向きに身体の状態が良くなるということはまずあり得ません。途中から必ず落ちていくものなのです。その落ち幅をできるだけ最小限にとどめる。それがぼくらの仕事です。春と秋とではアスリートたちの「身体」はまるで違うのです。

ですから、水・木曜日のアプローチは、「身体」を保つためのトレーニングということになります。右足が張っていればそれを取る。それをしないと、そこからバランスが崩れていきます。歩き方を見て、あるいは触ってみて、ほんの少しの問題点も見逃さないようにします。選手本人にも気付かない微妙な「異常」です。

馬場選手はぼくの前には専属トレーナーがいませんでした。もう一段レベルアップをしたいと考えていたときにぼくは雇われ、その後成績は上昇し、安定していくことになります。

もちろん、成績が向上したのがすべてぼくの治療・トレーニングによってというわけではありませんが、トレーナーを付けたことで身体や精神の安定が図られ、思うようなプレーにつながったということは言えると思います。抜群のタイミングで彼女は相性の良いトレーナーを見つけたということだと思います。

皆さんもこのような、「仕事との相性」「人との相性」がぴったりとはまり、はまった途端に順調に流れ出すということがあるのではないでしょうか。「相性がいい」と思ったらそのタイミングを逃さず突き進むことが成功の一つのポイントのような気がします。

でも、そこで仕事がうまく回っていったとしても、「どうだ、これがおれの実力なのだ」と自分を過大評価するのは禁物です。自分の真の実力は常にクールに捉えておくことが大切です。前章でも書きましたが「俯瞰で物事を見ること」、それを自分に対しても行うのです。俯瞰で見て、自分に対し客観的な評価を下していくことは、自分の現在の立ち位置を確認することと同じです。「今の状態はでき過ぎ。たまたま相性が良かっただけのこと。このままこれがいつまでも続くとは限らない」といった判断を、卑屈になることなく冷静に見つめることができ、もっと精進しなければ落ちてしまうと常に緊張感を維持していくことが一流の証と言っても良いのではないでしょうか。

過大評価は、いずれ自分にも他人にもバレてしまいます。

自分はともかく、「何だ、あいつは思ったほどじゃないな」と他人に思われたら、本来の実力よりさらに下に評価されてしまいます。

他人から面と向かって「○○さんはすごいよね」などと言われたら、「相手は過大評価をしているから危険」と捉えるぐらいのスタンスでいた方が良いだろうと、ぼくは日々そう感じています。

日本の女子ゴルフの世界では、もちろんコーチは付いていますが、ぼくのような身体のサポートやメンタルのサポートをするスタッフを抱えている人はほんの一握りだと思います。アスリートたちはかなり稼いでいるように見えますが、その分、経費も多くかかっているので、なかなかトレーナーまでは賄う余裕がない、雇いたいけれど雇えないというのが現状のようです。

ですから、ぼくらもゴルファーのトレーナーをやりたいと思っても需要が少なく、必然的に狭い門になってしまいます。そんな厳しい状況の中で声をかけられたぼくはラッキーでした。ぼくを選んでくれた背景には、有村選手での実績もあったのだと思います。

しかし、ぼくはラッキーではありましたが、それは自分の実力に裏打ちされたものという自負があります。単に「自分は運が良かった」などとは思いません。

他人が成功すると「やはり運ですか?」と思わず口にしてしまう人がいます。「おれだって実力では負けていないのに、運がなかったんだ」と言いたいのでしょうが、それは間違いです。運の兆しは誰にでも平等に目の前に現れるとぼくは思います。それを見逃さずに必死に食らいつくかどうかで成功への道が分かれるのです。

そして食らいついたら離さない。その力の強さは、それまでどれだけ必死にチャレンジしてきたかに比例します。

二〇〇八年から二〇〇九年までの二年間、ぼくは馬場選手のトレーナーとして専属契約をしましたが、二年を終えた時点で契約を終了することにしました。理由は二つあります。

一つは、メジャーリーグの上原浩治選手からオファーがあったこと。二つ目は新しい現場での仕事にチャレンジしてみたいという気持ちが出てきたことです。

上原選手からのオファーは、まさに前述した「次のステップへ上がる運の兆し」です。これに賭けなかったらチャンスはもう巡ってこないかもしれません。しかし、馬場選手のトレーナーも続けようと思えば続けられるという状況でした。馬場選手も一流ゴルファーとしての地位を固め、そのような選手の専属であり続けるというのもまたトレーナー冥利に尽きるとも言えます。

しかし、ぼくは困難な方の道を選ぼうと決心しました。

上原選手からのオファーの話を馬場選手にしたら、「それはぜひチャレンジした方がいい」と背中を押してくれたのです。それも踏ん切りのついた一つのきっかけでした。

メジャーリーグに行って失敗し、また日本へ戻ってきても、次に有村選手や馬場選手のようなアスリートや、オリックスのようなプロ野球チームからのオファーが来るとは限りません。むしろアメリカの失敗を日本でも引きずり、そのまま下降線を辿るということも十分に考えられます。「失敗は連鎖する」、その怖さを知っていますし、ぼくのようなフリーランスの人間は、「一度ぐらいは失敗しても許される」ような甘い立場にはいないのです。

人間は、現状維持に気持ちを吸い寄せられるものです。

現状に不満がなければ、たとえ大きなチャンスがうっすらと見えたとしても、それに気が付かないフリをしてやり過ごしてしまうものです。

ぼくは、その時も「とにかく動け！」を実践することにしました。

そして、二〇一〇年、単身アメリカへ向かったのです。

第4章

# メジャーリーグへの挑戦

## 上原浩治選手との出会い

# 「決断」とは、自分で決めること

よく、人から言われたので決断しましたという人がいますが、他人に言われたことは真に自分で納得しない限り決断をするべきではないとぼくは思っています。周囲に意見を聞きまくり「あの人が言っていることだから、仕方がない」と半分妥協するように決断する人を見かけることがありますが、そういう人に限って、あとでそれが失敗を招いた時に「やっぱりあの人の言うことを聞くんじゃなかった」などと、自分の優柔不断さを棚に上げて他人を批判したりします。アドバイスをした人から見れば、頼まれたから親身になって助言をしたのに、あとで恨まれたのではたまったものではありません。

ぼくは、高校を出たときから実にさまざまな場面で決断をしなければならない状況に遭遇してきました。今はプロのトレーナーとして何とかやっていけるところまで漕ぎつけましたが、「苦労されましたね」とよく人に言われたあとに、序章で触れたように「成功の秘訣は?」と聞かれることもよくあります。

そのとき、「大きな夢を描かなかったこと」と答える場合が多いのですが、「決断する勇気を備えていた」と答えることもあります。

自分のこれまでの歩みを振り返れば、挫折そして決断の繰り返しでした。

自分の運命を左右する決断をした回数では、おそらく、自分と同世代のたいていの人より勝《まさ》っている自信があります。

目の前に安定したレールが敷かれていないぼくらのような職業の人間は、右へ行くべきか左にするか、運命の決断を迫られることが少なからずあります。

しかし、この本を読んでいる皆さんも、実は自分が毎日小さな決断の積み重ねで日々をやり過ごしていることには変わりません。

例えば、朝、家を出るときに雨が降りそうだった場合、傘を持って行くか、面倒だから持たないか、決断をします。

駅に着いたら電車の事故がありました。復旧を待つか回り道をして別のルートで行くかを決断しますし、仕事でミスをすれば、電話で謝るかメールで済ますか、決断をします。一日何度となく決断をして前へ前へと進んでいくのです。

「決断する勇気を備えていた」とは、少しキザに聞こえるかもしれませんが、ぼくの本音です。どんな些細な決断でも、それを「やろう」と決心することは勇気がいることです。ぼくは決断することで少しずつ自分を鍛え、自分を変えてきました。

そして、それを「やらない」という決断も、また時には大切なこととなります。皆さんは、自分が心底やりたくてやっていることと、嫌々やっていることと、どちらが多いですか？

もし、嫌々やっていることの方が多いと感じたら、それは「やらない」という決断力が弱いのかもしれません。「やらない」と決断することは、むしろ「やろう」という決断より勇気がいることなのです。

これからはグローバルの時代だから、国際的な競争力を身に付けなければいけない。そのためにはまず英会話力を身に付けることが大切だ。そういうロジックで英会話学校に通っている人が多いのではないでしょうか。自分にとってとても有益だと感じ、勉強をすることに積極的な気持ちがあれば言うことはありません。どんどんやるべきだと思います。でも、「今どき英語ぐらい話せないとだめだ」という紋切型の考え方に身動きが取れなくなって、無理やりそれを続けているなら、「やらない」という決断もアリのはずです。消極的な気持ち、やらされ感だけでやっていることなど、どうせ身には付かないものだと割り切って、さっさとやめてしまうというのも時には有効な手段なのです。

国際的な競争力を身に付ける方法は英会話だけではないはずで、それこそいくらでも勉強や修練の手立てはあります。自分が一番手を付けやすいところから始めていって、いろいろなスキルや知識を得てから「やはり英会話も習った方がいい」と自然発生的に思えるようになれば、その時点から勉強すれば良いのです。その方が絶対に身に付きます。

決断するときは、スピーディに決断することが大切です。刺身のように新鮮な方が良いのです。

賞味期限を過ぎた決断は、次第に効力を失っていきます。

決断を遅らせるということは、比例して迷いの量が増えていくということです。

迷いの量が増えれば、決断は「妥協」にだんだんと変化していきます。

二〇〇九年、上原浩治選手が渡米。ボルチモア・オリオールズでメジャーリーグデビューを果たします。

そして、ぼくはその翌年、二〇一〇年に上原選手の専属トレーナーとしてアメリカへ渡ります。

ぼくとしては、それまでの人生で最も重要な意味を持つ決断でした。前章でも述べましたが、日本にいればそれなりの仕事はこなせたはずです。プロゴルファーのトレーナーとしてはそれなりの評価もいただき、自分の鍼灸院と掛け持ちで堅実に行えば仕事は順調に回っていったと思います。しかし、アメリカ、メジャーリーグという巨大な存在はぼくを激しく揺さぶりました。そのときはメジャーリーグからオファーがあった日本の選手と同じ気持ちになれたと思います。

そしてぼくは決断し、家族を残して単身アメリカに渡ることを決意したのです。

その時も決断にはそれほど時間はかけませんでした。

決断を先延ばしにすればするほど「やっぱりやめておいた方がいい」という結論に行きついてしまうことが多いことがわかっていたからです。

小学生の頃、先生や親から「よく考えて決めなさい」と、即断を悪いことのように言われたことがありませんか？

しかし、大人になれば「よく考える」は、決断を鈍らせることにも通じてしまうのです。

## 日米の違いを痛感

二〇〇九年、上原浩治選手は渡米早々開幕からローテーション入りし、ニューヨーク・ヤンキース戦でデビューを果たして初勝利を挙げました。しかし、五月には太ももの裏の痛みが出て、次いで七月には右ひじ腱の部分断裂により戦力離脱を余儀なくされました。故障は思ったより長引き、結局一年目は前半戦のみの出場で終わるという結果になりました。まったく環境が違う中で無理をしたせいかもしれません。

オフに日本へ戻ってきた際に知り合いを通じてぼくのところへ話がきました。それが上原選手と仕事をするようになったきっかけなのですが、もちろん、自分はまだトレーナーとしては新人の部類だと思っていましたから、世界レベルのトップクラスの選手からオファーをいただいた時は身の引き締まる思いがしました。

二年目の二〇一〇年、上原選手はキャンプ中からしばらくは太もも裏や右ひじを再び痛め、良い状態ではありませんでした。昨シーズンの後半からずっとけがに見舞われ、一時は引退を考えたこともあったそうです。ぼくも何とか早く復帰してもらいたいとの一心で、持てる力を出し切って懸命にケアをしました。そのかいあって復帰した後は安定し、新任のショーウォルター監督の目に留まってクローザー（試合を締めくくるリリーフエース）として起用されてからは瞬く間に成績を上げ、シーズン終了時にはインサイト・エッジ社のメジャーリーガー通信簿で、両リーグにまたがるセーブ王のブライアン・ウィルソン（当時はサンフランシスコ・ジャイアンツ）投手よりも高い評価を得るに至りました。

シーズン終了後はトレーナーのぼくも、上原選手と共に周囲から祝福されましたが、ぼくがチームに入ったばかりの頃は、初年度に期待された成果を残せなかった上原選手と同様に風当たりはとても強かったのです。最初にヘッドトレーナーにあいさつに行ったときも冷たく応対されましたし、周囲の選手たちの目も決して温かなものではありませんでした。ぼくは上原選手と一緒に雇われているトレーナーですから、上原選手と同じ視線を浴びるのは仕方がないことです。ですから、逆に二〇一〇年の後半、成績がめきめきと良くなるとみんなの目も、接する態度も、途端に変わってきたのです。

アメリカに来てメジャーリーグの中に入って直にフロント陣や選手と接し試合を観ていると、メジャーリーグと日本のプロ野球の違いが強く意識されます。

メジャーリーグでは、選手がどうパフォーマンスを出すか、チームが勝つためにはどうしたら良いのかを徹底的に考え抜きます。勝ちにこだわるのです。チームの運営は「勝つため」にあるという空気がひしひしと伝わってきます。ワールドシリーズでチャンピオンを目指せるチームならば、それを達成するために今は何をしなければいけないのか。頂点から逆算していって「今」が存在するという考え方をしていて、それがぼくにはとても腑に落ちることでした。ゴールが明確なのです。下位のチームでも考えに考え抜いて、いろいろな戦略・戦術を駆使して何年後にはトップを目指すという目標を立てる。それもとても納得のいくことでした。

日本の場合を見ると、まずは現時点の戦力に見合った目標を立てていつまでにそれを達成させる、そして目標をクリアしたら次にもう一段高いレベルを目指すというように段階的にチームを進化させていくという戦略を取っているチームは少ないように思えます。

アメリカでは去年より一ランク上がれば目標に近づいたと評価されます。目標を設定して、それを達成するにはどうしたら良いのかを考え、クリアすれば周囲からも評価される。そういうシステムが完全に根付いているようです。とてもすっきりとした考え方で、日本のように全部勝ちに行くという大ざっぱな目標しか立てなくて、毎年優勝するチームしか評価されないという状況とではずいぶんと異なるような気がぼくにはします。

選手の補強の仕方も当然、目標を実現するために戦略的に行われます。来年はチームの目標をこの着地点に設定し、それを実現するために外野手を充実させる、そのために必要な選手を補強する。一方で余剰の選手は放出する、別の戦略を立てているチームはその放出された選手にオファーする、そうやってチーム戦力は均等化していき、戦略に裏付けされた特徴的なチームが多くなり、どのチームも数年後には優勝を狙えるという状況になります。ファンとしても、自分の好きなチームがずっと下位にいるのが当たり前な状況でなく、いつか優勝を狙えるチームに変わるだろうという期待が持てれば、応援のしがいがありますよね。

日本でももちろんそういった気運が出てきているようには思いますが、まだまだ話題の選手を中心に集めるという傾向があります。そして、単に打てる、投げられるというだけではなく、チームの戦略に呼応する選手の獲得に力を入れるというケースは少ないように思えてしまいます。良い選手ばかりを集めればその分、他の選手がはじかれるのは当然です。そうして有望な選手が飼い殺し状態になってしまっているという現状もあるのではないでしょうか。これではモチベーションが下がっていく選手が増えても仕方がないことだと感じます。

皆さんの会社では、ちゃんと戦略がトップから全社に浸透していますか。トップの立てたビジョンなり目標なり戦略なりが、社員一人ひとりに十分に行きわたっていれば、組織変革や人事異動でサプライズがあっても、それを受け止めることができるはずです。

ぼくも、選手たちにトレーニングのビジョンや戦略を語ることがありますが、そのときに気をつけているのが、できるだけわかりやすく説明することと、なるべく近い目標（スモール・ビジョン）を立てることを心掛けるようにしています。

まず、「今何をすべきか」を話します。今の自分の身体の状況を認識してもらい、だからこれをすべきだということを理解してもらいます。そして次に「いつまでに、ここまでやりたい」という目標を話し、それもきっちり理解してもらいます。そうすれば多少つらいことも我慢してやってもらえるからです。そして、決して無理をせず

「やれること」から始めていきます。

「何をすべきか」「いつまでにどこまでやるのか」「すぐにやれることは何か」を選手と共有し治療・トレーニングを進めていく、その繰り返しがやがて大きな目標を達成することにつながっていくとぼくは考えています。

## 「『見る』と『やる』とでは大違い」の真実

二〇一〇年のシリーズ終了時にフリーエージェントとなり、二〇一一年にオリオールズと再契約。二〇一一年に入ってからも素晴らしい活躍をし、上原選手は救援投手としてリーグトップの成績を残すに至りました。当然人気も上昇し、上原選手が出ると「KOJIコール」が起きるようにまでなりました。しかし、七月に優勝争いをしていたテキサス・レンジャーズからトレードの話が来ると、シーズン途中ながらもテキサスへと移籍することになります。ぼくも上原選手と一緒の行動を取ることになるのは言うまでもありません。このような、突然何かが起こり、それにより今までの環境があっという間に変わってしまう展開の仕方というのは、やはりアメリカならではという気がしました。

アメリカ東部から南部へ。先ほども述べたように、メジャーリーグのチームはそれぞれに戦略があり、文化があり、風土があります。ボルチモア・オリオールズとテキサス・レンジャーズではチームの雰囲気がまるで違っていました。

当時のレンジャーズは一言で言うと、負けることを知らないチームに見えました。そういう空気がみなぎっているのが実感されます。常に勝つことを念頭に置いて物事を考え、行動するチームという感じです。そういう「勝利へのこだわり」がチームの中に漂っています。だから、負けることにはとても不安が大きく、負けないようにあらゆる手を尽くすのだと選手たちは言います。負けた時に見せる選手たちの表情は心から悔しさを滲ませます。なぜ、負けたのかを徹底的に検証します。オリオールズにはそこまで勝ち負けに対する意識は強くなかったように思います。やはり勝ちへの執念が強いチームはそれなりの成績を残すのだなあと実感しました。

オリオールズとレンジャーズ、そして他のメジャーリーグのチームを身近で見てつくづく感じたのは、チームの総力は一人一人の選手の足し算ではないということ。チーム内に漂う独自の雰囲気が強さを決定する。そう思いました。

テキサスでは試合が始まる二十分ぐらい前から盛り上がり方が半端じゃありませんでした。選手によっては音楽に合わせて踊ったりしながら気分を高揚させます。もうほとんどディスコ状態。選手同士が掛け合う声は次第に大きくなり、もはや普通の会話はできない状態になります。そのテンションのまま試合に臨むのです。

トレーナーの立場から見れば、チームが勝ってよいムードにあふれているときは、こちらもワクワクしますしテンションも上がります。そういうハイな環境の中では、仕事も楽しくできますし身が入ります。日頃の疲れも吹き飛んでしまいます。ところが、反対に負けた時はこちらも選手と同じように気分が重く沈み込んでしまいがちです。負けたその足ですぐに移動をしなければならない時など、疲れが身体に堪えます。

二〇一二年になると、レンジャーズの勢いに少し陰りが見えてきました。調子を落とす選手が多くなり、先発から中継ぎに回るというようなことが起きるようになってチーム特有の強固な一体感に多少の乱れが生じてきたように感じました。

当時、上原選手は「先発がダメになったから中継ぎに回ると思われるのは、当人にとっては嫌なもの」と言っていました。

中継ぎは中継ぎ。一番バッターは一番バッター。四番は四番。それぞれが専門職であり適材適所なのだということです。それぞれの専門職をまんべんなく揃えないとチームは機能しません。長打力のある四番バッターばかりを揃えても強くはなれないのです。

会社も同じだと思います。営業職ばかり優秀な人材を集めて売り上げの伸長を期待しても、それを支える事務職や技術職が機能しないと成長は望めません。組織を活性させる的確な人材の活用は、野球でも企業でもとても重要なことなのに、トップがそれを理解しうまく動かしている例は意外と少ないように思えます。

ずっと先発でやっていた上原選手ですから、最初は中継ぎには抵抗があったようですが、実際にやってみて役割の重要性を理解した、今はやりがいを感じていると言います。「なんでも経験やな」と。やってみて初めてわかることがある。当たり前のことのように思いますが、見るとやるとでは大違いだということ。これはどんなビジネスにも当てはまることのように思います。

「私は企画をやりたいからこの会社に入ったんです。営業の仕事などやりたくありません」

最初はそんな風にぼやいていた新入社員が、実際に営業に配属されたのち、その仕事の本質を理解してやりがいを持って取り組んでいるというような例は皆さんの周囲を見渡してもたくさんあるのではないでしょうか。

上原選手は「日本のプロ野球では中継ぎが打たれたら先発に謝ることがあるが、アメリカでは決して謝るなと言われた」と言います。お互いに役割があって、それぞれにその役をこなしている。そこをトップが理解し、選手にも理解させる。それはとても大切なことだということです。

一方で、適材適所の風土が形成されているアメリカでも、まだ「先発ピッチャーの方が上」中継ぎは「抑えて当たり前」の風潮が根強く残されていると言います。

二〇一二年のシーズンが終わり、上原選手は再度フリーエージェントとなります。オフには複数球団による争奪戦がありました。

そして上原選手は二〇一三年、今度は北東部の街、ボストンに向かうことになります。

## 「自分は大したことない」からの出発

二〇一三年のボストン・レッドソックスでの上原選手の活躍については、改めて述べるまでもないでしょう。九月二〇日のブルージェイズ戦で二〇セーブを達成し、チームの六年ぶりの地区優勝に貢献し、二七日のオリオールズ戦では救援投手としては球団史上初となるシーズン一〇〇奪三振という記録を残しました。

さらにリーグ優勝に導く素晴らしいピッチングで「リーグ優勝決定シリーズMVP」に選出されました。そして、勢いはワールドシリーズまで持続し、日本人で初めての胴上げ投手となりました。

前にも述べましたが、上原選手の持ち味は、コントロールの良さ。抜群の制球力で、驚異的な奪三振率が目を引きます。レッドソックスの特別GM補佐ペドロ・マルティネス氏は、

「あのピンポイント・コントロールは素晴らしいの一言に尽きる。完璧だ。それに彼は賢い。スピードを変えながら思ったところに投げている。投球フォームも安定して

いるし、ストライクを投げるための懸念材料が一切見当たらない」

（二〇一三年八月三一日　東スポＷＥＢ）と、絶賛しています。

上原選手が評価を得れば、それはすなわちぼくの評価にもつながりますので、自分のことのように嬉しいです。

ぼくは試合中にはだいたい通路で観戦しています。正規にベンチに入ることができるのは、監督とコーチと選手、それに登録されているトレーナーだけ。ぼくは「マッサージ・セラピスト」という立場なので基本的にはベンチには入れません。しかし、もちろん、上原選手が投げている姿はどの試合でも必ず観ます。投球フォームを子細に観察し、ほんの少しの乱れも見逃さずチェックします。試合が終わればすぐに身体のケアをしますが、必要な時以外はあまり体を触ることはしません。クーリングダウン的な簡単なトレーニングとアイシング程度です。でも、触れなくてもしっかり観察します。


メジャーリーグに入って、ぼくがもっとも強力に習得した技術は何だと思いますか？

それはパクること。まねをすること。

メジャーリーグの治療・トレーニング方法は日本とはずいぶん異なります。マッサージの角度や力の入れ方、選手との間の取り方、声をかけるタイミング、話術、すべてが違うのです。

なぜ、こんな風にやるのだろう。なるほど、こういう意味があったのか……。見るもの、聞くもの、すべてが新鮮でした。

アメリカに来て、トレーナーたちの仕事を見たときに「よし、『いいもの』『いいこと』をどんどんパクってやろう」とまず思いました。彼らが日常的に行っていることすべてが教科書みたいなものです。まねし、自分のものとして取り込んでいく。そして、引き出しが一つずつ増えていく。今でも引き出しの数はどんどん増え続けていきます。

もちろん、基本はぼくらがやってきたことと同じです。しかし、その先がずいぶん違う。目先を変えるタイミングが上手なこと、飽きないような工夫を常にすること、あえて大ざっぱなところを見せること、選手との関係作りがとても自然にできていきます。本当に目からうろこがポロポロ落ちました。

日本の選手やトレーナーは「練習だから必死にやる」ので、どうしても生真面目すぎるというか、融通のきかない定型パターンに陥りがちなのですが、アメリカでは臨機応変に「勝つために楽しみながらやっている」ので、とても自由気ままに見えます。そこが日本とアメリカのもっとも大きな違いだと思います。

日本人の悲壮感とか生真面目さは、ある面では美徳なのですが、もっとおおらかになっても良いと、アメリカの風土の中にいるとつくづく感じます。


アメリカに来て、メジャーリーグのトレーナーたちの仕事を見て、「へー」とか「スゴイ!」とかを連発したということは、いかに自分が「いろいろなことを知らない人間」だったかを証明しているようなものです。実にその通りなのです。アメリカでぼくがまず感じたことは「自分は全然大したことない存在である」という事実です。

この発見はぼくにとって実に有意義なものでした。

そのまま日本でアスリートたちのトレーナーをして、そこそこの評価を得られていれば、ぼくは自分を「実力のある人間」と勘違いしたまま今に至っているかもしれません。

おれなんて、まだまだ全然ダメ。

そこからしか学ぶ意志は出てきません。自分は知らない人間だから教えてもらう、という気持ちで周囲を見渡せば、さまざまな未知のものが見えてきます。逆に「おれは結構実力がある」と自分を認めてしまっている人間は、意外と周囲が見えていないものなのです。謙虚な目で周囲を見渡し、自分がまだ獲得できていない「こと」や「もの」が何なのかを認識し、まずまねをすることで取り込む、それができないで変に自信を持ってしまっている人は、あとは守りに入るだけ。それ以上の成功はおぼつかなくなるのです。

人は謙虚に、そして貪欲に取り込むことで引き出しが増え、成長していくのです。まねはそのうちに形が変化していきます。次第に自分のカラー、持ち味が少しずつ出てきます。そしてそれがいつか「オリジナル」になるのです。

## 上原選手のトレーナーをやって、ぼくが得られたもの

ボストン・レッドソックスのファレル監督に「九回にコウジをマウンドに呼ぶ投手交代の時が、もっとも心穏やかになれる瞬間だ」と言わしめるほどの信頼を勝ち取った上原選手ですが、メジャーに渡ってから三つのチームを経験してここまで辿りつい

た道は、これまで述べてきたように決して平坦ではありませんでした。致命的と思われるけがもあった中でよくここまですごい記録を達成し、チームに貢献できたものだと心から感服します。

やはり本人も言っているように「究極の負けず嫌い」の性格が常に挑戦する気概を持たせ、どん底でもあきらめない精神を育んできたのだと思います。そしてぼくが思うには、頂点を極めた一流のアスリートは孤独に強いということ。それもとても重要な要素だと思うのです。上原選手のみならずプロで活躍しているアスリートたちには多くのスタッフが周囲にいますし、応援してくれるファンも家族もいます。彼らは「自分が付いていてくれるから頑張って」とアスリートに惜しみないリスペクトと愛情を注ぎます。そしてアスリートはインタビューで「自分が良い結果を残せたのはファンの皆さまのおかげです」と感謝の言葉を述べます。どの言葉も本心だし、アスリートとスタッフや家族、ファンの間には純粋に愛情があふれています。しかし、アスリートが大きく成長し周囲の期待が膨らむほどに彼は孤独になっていくのではないでしょうか。

なぜならば、誰とも自分の今いる立場、そこにいる苦しみを分かち合えないからです。孤高に近づけば近づくほど、実は自分から人は離れていってしまうのです。

常人には決して達成し得ない高みに上り詰めたとき、そのアスリートは誰と対話をし、誰と闘うのでしょうか。

自分とです。常に自分との対話を強いられ、自分との闘いを強いられるのです。人と群がり、人と人の安定した関係の中に自分を置くことは、もはやできる立場にいないのです。

一流のアスリートは、誰とも分かち合えず自分との闘いに明け暮れなければなりません。そんな中で彼らは自分に負けないために、「さらに上」を目指すのです。時に、その姿は悲惨にもなり、周囲の人間からは「そこまでやらなくてもいいのに」という無慈悲な言葉を投げかけられます。

でも、彼らには孤独に勝つためには、さらに自分を今以上の高みに引き上げるしか道はないのです。それには不屈の精神力と並ではない肉体の鍛錬が必要になってきます。

ぼくが上原選手のトレーナーになって得られたことで一番大切なのは、当たり前に聞こえるかもしれませんが、「最大の敵は自分」ということ、そして「絶対にあきらめない」ことです。上原選手がそれを言ってくれたわけではありません。その生き様によってぼくがそれを感じたということです。

孤独に強い人間が勝ち残る。これは何もスポーツの世界だけではないでしょう。

人間は独りきりになると感性が鋭くなっていくものです。

逆の場合を考えてみてください。いつも仲良しの仲間たちと群れて行動することが習慣になっている人。こういう人は、カフェで自分たちだけが大声で騒いだり、マナーを守らなくなっていることに無頓着になります。人と一緒だと気が大きくなり、周囲のことが見えなくなり、客観的に自分を捉えることができなくなっているのです。要は感性が鈍っているのです。

第一章で述べた「気配り　目配り　思いやり」のある人は、まず群れて行動しません。そして、一流になれる人もまた、群れることを嫌います。

皆さんはどうですか？

独りで立ち向かう努力をしていますか。

群れる方が楽なので、何事も連れ立って行動していませんか。

こんな話をビジネスパーソンの友人から聞いたことがあります。

彼の会社がある企画をA、B二社のコンサルティング会社にコンペ形式で依頼しました。

プレゼンの当日、Ａ社は総勢六人でやってきて、入れ替わり立ち代わりいろいろな肩書の人があいさつをしたのですが、プレゼンの場で企画案を説明したのは一人だけ。あとの五人はただ座っていただけとのことです。一方で、Ｂ社は担当の営業セクションの人とその上司の二人だけ。営業セクションの人が主にプレゼンを行い、上司が時々フォローするという手際の良い説明を行いました。

どちらの会社に依頼をしたかは、わかりますよね。

数の力で会社の優位性をアピールしようとするのは、もう時代遅れもいいところだと思います。

偉い肩書の人が大挙して押し寄せて、「ウチでは全社を挙げて取り組んでいます」というポーズを見せようとしているのでしょうが、実際そういう偉い人が実務に関わり合っているはずもなく、結局はお飾りでしかないのです。

上原選手のようなアスリートたち、そしてぼくのような周辺で選手を支えるスタッフたち、そのほとんどが一人で、つまり自分の能力だけで勝負をしている人たちです。社会に出てからこれまで、自分一人で道を切り開いてきました。

もちろん、支えてくれたり、手伝ってくれたり、応援してくれた人はいます。

でも、決断も、行動も、基本的には自分一人で行わなければなりません。

そして、勇気を振り絞って何かを成し遂げた時、豊潤な喜びを手に入れることができるのです。

でも、さらにそこで満足することなく、また独りでさらに上を目指す。

その繰り返しです。


上原選手に出会い、一流アスリートの孤独感を垣間見ました。そして、一流の人間しか手にできない栄光の重さも実感できました。

自分も一流を目指す！

そういう気概を与えてくれたこと。それもまた、ぼくが上原選手のトレーナーをやって得られた財産なのです。

第5章

# 自然体で仕事に向き合う

## 内窪流仕事実践術

## カメレオンであれ! グレーになれ!

一般的に「カメレオンのような奴」と言ったら良いイメージは抱かないでしょう。相手の思惑に合わせて自分の立場をコロコロと変える。そのようにマイナスの印象を持つ人が多いと思います。

また、「グレーな存在」というのも悪い意味で使われることが多いようです。白黒をはっきりとつけないあいまいな存在。どっちつかず。そんなイメージで捉えるのが普通ではないでしょうか。

でも、ぼくは違います。自分に「カメレオンであれ!」「グレーな存在になれ!」と言い聞かせているのです。

カメレオンであること。それは、「自分の色で染めない」「相手に合わせられる」「相手の意向に沿うことができる」というようなポジションを保つことだと考えています。

そのような存在であるためには、「気配り　目配り　思いやり」が自分の中で礎となっている必要があります。「気配り　目配り　思いやり」が意識せずとも自然に出てくることで、相手の価値観や想いに自分を合わせられるのです。自分の色を押し通すことをしないでも済むようになれるのです。


グレーであること。つまり白黒をはっきりさせないということは、「決まりごとを作らない」ということでもあります。常識にとらわれない、常識を常識と思わないで生きていくことができるということです。


常識は白黒で判断しがちです。

グレーは常識に合わせなくてもいいのだと判断することです。


ぼくらの職業に常識を持ち込むと失敗します。

治療やトレーニングの方法は、パターンを持つと失敗するのです。こうだ、と白黒をはっきりつけた治療は逆効果を生んでしまうこともあります。

ぼくは、その日の自分の感覚、選手の状態で昨日とはまったく違う治療をします。

気分によってコロコロと変えるのです。カメレオンのように。

それが、仕事の工夫の多様化につながります。前向きな取り組み姿勢を持つことにもなるのです。

トレーナーの仕事に一〇〇点満点はありません。

はい、ここまでトレーニングを行えば完璧です。そんなことはあり得ないのです。

アスリートが膝を壊した。だったら、これが原因だろうからこういう治療をして治そう。それはマニュアルに基づいた一〇〇点満点の治療を目指すことです。それはあり得ません。ぼくらは、まずそのマニュアルを疑ってかかることから始めることが必要なのです。「膝を壊したのは、これが原因だからだ」を疑い、そもそも満点などというものはない、との視点から治療は始まるのです。


「みんなが右に行くといったら右に行かなければいけない気分になってしまう」

「世間常識に無理やり合わせることで、かえって振り回される」

そのような体験はありませんか。

常識に縛られるということは、十人の人がいる中で、たった一人の人にしか自分を合わせられないということと同じです。

ぼくは、十人いれば、十人に自分を合わせるように心掛けています。

## 整理、整頓、清掃、清潔（4S）の大切さ

これまで、日米のいろいろな野球チームのトレーニングルームやロッカールームを見てきました。職業柄どうしても細かいところまで目が行きます。部屋を見れば、そこに人がいなくても、どのように人が動き、どのようなトレーニングが行われているかが、ほぼわかります。

以前、ある日本のプロ野球チームのトレーニングルームを見せてもらった際、並べられている器具に埃がうっすらと積もっているのが目に入り、「ああ、これでは勝てないな」と感じました。その感慨は事実になり、せっかく実力のある選手を多数揃えながら、優勝を狙えるとの期待も空しくチームは低迷を続けシーズンが終了しました。当然、選手のふがいなさや監督の采配が問題視されマスコミを賑わせましたが、原因はそれだけではないとぼくは思っています。

器具に埃が溜まっている。果たしてスタッフのモチベーションは保たれているのだろうか。スタッフは細かな配慮が行き届いた仕事をしているのだろうか。優秀な選手を集めたのはいいが、その選手たちをフォローするスタッフも同じように優秀な人材を揃えることができたのか。ぼくの頭の中にはこのような「?」がまず浮かんできます。

野球は選手だけで行うものではありません。監督やコーチなどの指導者はもちろんのこと、選手を心身両面でケアをするスタッフの存在も重要だということを、まずフロントは認識してもらいたいと思います。気配りや目配りのできるスタッフと選手が一丸となって最良の状態のチームを作り上げていかなければ勝てないとぼくは思います。埃が溜まっているトレーニングルームは、ぼくにはトレーナーのモチベーションの低下、選手とスタッフのチームワークや良好な関係作りがしっかりとなされていないように見えてしまいます。

整理や整頓、清掃をきちんと行い清潔な仕事環境を常に整えておく。このことは、まずぼくらのようなスタッフが日々、心掛けなければいけない基本的な事項ではないでしょうか。清潔な仕事場を保つことができている人は、迷いがなく自分の中で交通整理がちゃんとできているのだと思います。周囲の状況が良く見えていて、何をやらなければならないのかが理解できていて、やるべき仕事を着実にこなしている、そんな風にぼくには見えます。

整理、整頓、清掃により清潔を保つことの重要さは高校時代に叩き込まれましたが、今でもぼくの中では強固に根付いています。もちろん、スポーツの現場の話だけではなく、一般の会社にも家庭にも当てはまることだと思います。

「整理、整頓、清掃、清潔？ そんなことは当たり前でしょう」という声が聞こえてきそうです。でも、皆さんの職場を振り返ってよく見てください。当たり前のことが、当たり前に実行できていますか。

整理とは、「必要なものと不要なものを分け、不要なものは捨てること」だとぼくは思っています。ここで問題なのは、何が必要で何が不要かの判断をきちんとできるかということで、ただ整然と物が置かれている状態を整理ができているとは言いません。

よく、「スペースがないから物が片付かない」という人がいますが、整理をしていない、つまり捨てるべきものを捨てていないから必要な物を置く場所が確保できないような気がします。

整頓というのは、「必要なものがすぐに取り出せる状態にしておく」ことではないでしょうか。いつものところに、いつもの物がある。取り出したらちゃんとまた元の場所に返しておく。これができないと、いつも「あれがない、どこへしまったのだろう」と、何かを探している状態になってていましします。

清掃は「掃除をしてゴミが落ちていない、汚れのないきれいな状態」と解釈している人が多いと思います。もちろん間違いではないのですが、ぼくはそれに「細部まで点検すること」を付け加えたいと思います。

見た目をきれいにすることは大切ですが、清掃の積極的な意義は「自分たちが使用している物をきめ細かく点検・管理して、常に最高の状態をキープしておく」ということだとぼくは解釈しています。

この項の最初で述べた「埃の積もっている器具」を思い起こしてください。

整理、整頓、清掃がよりよくなされているということは、チームが（あるいは職場が）活性されている状態であるということではないでしょうか。

## 身体に手を当てていると、何かが伝わってくる

アスリートの身体に手を当てていると、何かが伝わってきます。

それは、激しくエネルギーを放出したあとの余韻であったり、疲労が溜まった骨や筋肉の悲鳴であったり、いろいろな身体の声が手を伝わり聞こえてくるのです。

骨や筋肉に負荷をかけると歪みが起こり、身体全体の軸がずれ、これがストレスになって蓄積され、やがて障害を引き起こす要因となります。溜めこまれたストレスはトレーナーの手に違和感として伝わってきますが、すでに慢性化され、障害として表れてしまうとそう簡単に治すことはできません。

しかし、アスリートの苦しみをいち早く解消させ、再び最高のパフォーマンスを観客の前で披露できるようにすることがぼくらの仕事です。そんなときこそ、「引き出しを多く持っていること」が大切なのです。今、このアスリートに対処すべき方策は何か。どんな方法が有効なのか。次々と引き出しを探って、解決策を導き出すのです。

もちろん、情報は身体を触って得るだけではありません。会話を通しても得るよう

にしています。それには、言うまでもなくアスリートとトレーナーの間の信頼関係の深度が重要になってきます。揺るぎのない信頼がお互いに構築されていれば、少ない会話の中でも核心の部分がつかめますが、信頼の密度が薄ければ、膨大な言葉を費やしても欲しい情報はなかなか見えてきません。

ぼくらの仕事は情報が頼りです。彼らの身体から、そして会話から微妙な変化を感じ取るアンテナを常に張っていることは必須だと思っています。

思うように力を出せない選手がいる。動きが今までと違っている。なぜ、この選手はこういう動きをするようになったのか。身体から感じ取り、言葉から情報を得ます。こういうことをしたから、こういう動きになった。なるほど、ならば、これがいいから試してみてくださいと働きかけます。選手が誤った情報に固執していたのならば、それはやめましょうと忠告もします。そして、こちらから選手に正しい情報を与えます。

筋肉を触って、マッサージやストレッチをして、その身体の反応から八〇〜九〇％ぐらいの情報を得ます。そして残り一〇％を会話から導き、確信に至るのです。会話による情報は、身体から得た情報を裏付けるための補助的なものなのです。その逆の場合もあります。会話を通して情報を得、その言葉の真意を身体を触って確認する。

ケースバイケースの対応です。

トレーナーは世間に溢れる情報を精査し、的確なものだけを選択しなければなりません。

また、有益な情報ははっきりと、選手が納得できるように伝えられなくてはトレーナーとは言えません。トレーナーの言うことを選手が信用して「今までの悪い習慣を改善する努力」をしてくれるような信頼関係が築けないトレーナーは失格だとぼくは思います。

前にも述べましたが、ありとあらゆる情報が選手の耳にも入り、目にすることも多くなっています。例えば栄養学。細かすぎるのです。受け手が判断に迷う食物の区分けが微に入り細にわたって紹介され、ありとあらゆる情報が溢れかえっています。これではかえってストレスを感じ、どうしたら良いのか混乱してしまいます。

「……学」が発達し過ぎる弊害をぼくは感じます。昔から有益に伝わるものの価値、それに照らし合わせて判断すればいい、というのがぼくの考えです。

スポーツ選手のトレーナーという仕事をしていると、身体の管理のプロと目され、小中学生の父兄から子どもにどのような食事を与えたらよいのかとアドバイスを求められることがあります。

カロリー過多になっているんじゃないか、ジャンクフードばかりで心配だ、プロテインは積極的に摂った方が良いのか等々。

これも情報過多の弊害だと感じます。お父さんやお母さんが、昔から自分たちの親御さんから受け継いだやり方を踏襲していけばいいのです。

そのような相談に対しては、

「本人の食べたいものを腹いっぱい食べさせてください。ただし、週一回、みどりの日を作ってください。野菜を中心とした日。それで十分です」

そのように答えています。

過度な食事制限など、子どもにとって必要ありますか？

それより、食べたいのに食べられないストレスの方がよほど問題だと思います。


情報の氾濫の弊害はアスリートたちにも及んでいます。彼らは常に上を目指すのが宿命となっていますので、身体の管理や食物などに関して、過剰に情報を仕入れ、それを吟味することなく受け入れようとします。

ぼくらの役割はそれを時には抑制させ、良い意味で「ほどほど」のさじ加減を彼らに理解させること。これには先ほど触れましたがアスリートとの信頼関係の構築ができていることが重要になってきます。

## 自然体で仕事に向き合う

アメリカでは、アスリートの調子が良く成果を上げていればぼくも評価されるし、結果が悪ければ評価が下がります。アスリートとトレーナーは一体だという見方をされるのです。トレーナーはアスリートにとっては必要不可欠でありながらも、しゃしゃり出ることはなく、空気のような存在であり、アスリートの傍らにいることがごく当たり前であること。いるのだということを感じさせないくらい自然にアスリートと共に在ることが、ぼくはトレーナーとしての基本的なスタンスだと思っています。アスリートにとって最も身近な存在であり、彼らが一番に頼るべき存在でありながら、決して彼らにとってストレスになるような存在であってはならないと思っています。ぼくらも選手と同様にシーズン中はほとんど休みがなく、その間アメリカ各地を移動するわけですから、肉体的にも精神的にもかなり疲労が溜まり、時には寝不足で体調不良を起こしたり風邪をひいたりすることもありますが、それが表に出てしまってはダメだということです。

ぼくらはごく自然体で仕事に臨むことが望まれているし、自然体でアスリートと接することで信頼関係が育っていくのです。

自然体で仕事に向かうためには良い意味で「鈍感」になること。

周囲への気遣いができない鈍感さではなく、まずは何事をも大げさに構えることなくごく自然に受け入れることができる鈍感さです。一生懸命仕事をしたのに、選手が活躍できなければ評価が下がる。それに反発するのではなく受け入れ、苛立ちや怒りなどは抑え、それは当然のことなのだと考える。その思考こそが「鈍感になる」ということなのです。

電車が遅れる。いらいらの原因になります。でも、電車というものは遅れるものだと頭の中を切り替える。ぴったりの時間に到着しなくて当たり前、何から何までがうまくいくはずがない、と。

自然に受け入れ、自然に与える。例えば、上原選手。相手は、超が付く一流のアスリート。でもだからといって「偉い人、難しい人」として接してしまうと、距離はいつまでたっても縮まりません。

どんなに一流のアスリートでも、対等に接することができなければトレーナーは務まりません。雇う側と雇われる側でありながら、対等でもあるのです。そこのさじ加減を常に意識して接することは重要です。選手を立てる、上に見る。一方でダメなものはダメだとはっきり言う。やらなければいけないことは、たとえつらかろうがやってもらう。


ぼくは、「その若さでよくそこまで行けましたね」と言われることが多いのですが、「若さ」がネックになったことも正直あります。ぼくらの世界は、若さが優位に働くということはあまりないのです。年季が入ったベテランのトレーナーがトレーニング方法を進言する方が説得力が出ることは否めません。若さゆえに大目に見てくれる、ツメが甘くても許されるということにはならず、若いからといって結果を出さなければいつでも切られる覚悟を持っていなければ、この世界では生きていけません。

仕事は年齢ではなく、実力で競うものです。

実力がないのに、相手に取り入ることばかりを考えている人は、すべてを相手に合わせることになり、自然と卑屈になります。そうなると、相手と自分の関係は大きく

「上」と「下」に分かれてしまいます。そして、そういう関係だと「言いたいことが言えない」悪循環に陥ります。

客に対し卑屈になっているビジネスパーソンのほとんどが、その反動からかスタッフに対しては横柄です。

「お客さまがこう言ってるのだから、言われた通りにやれ！」

そんな風に無理難題を押しつけてきます。

スタッフは仕方なくその通りにやるのですが、結果はうまくいかず、結局はやり直しという惨めな状況に陥る。皆さんの周囲にもそういう人は少なからずいるのではないでしょうか。イエスマンなのに下には厳しい。やらされる方は振り回されるだけで成果が評価されない。最もモチベーションが減退するパターンです。

## 行動主義を貫く！

実行力に長けた人にはある共通点があるように見えます。

とにかく行動を起こすこと。考えてから走り出すのではなく、走りながら考えるという感じです。

また、実行力のある人は最初から「完璧」を求めないということも共通事項として挙げられるかもしれません。

なぜなら、動き出した時点では、まだ何をもって「完璧」とするのか、どこが「到達点」なのかが見えていない場合が多いからです。


いろいろと考える前に動く。

動けば次第に何かが見えてくる。

そう信じて、あまり深く悩まない段階でさっと行動を起こすようにしています。


人はだれでも、これまでの自分の行動を顧みます。あの時はこうしておけばよかったと後悔することもあります。しかし、一〇〇％ベストな選択なんてめったにないものです。後になって悔いることを少なくするために、その時点で最良だと思う選択をするしかないように思います。仮に思い通りにならなくても、そのときにベストだと思う選択をしていれば、それほど後悔することはありません。仕方がなかったと諦めがつきます。諦めがつかないのは、ベストだと思う選択をせずに進んでしまった場合です。

一〇〇％ベストな状態とは「完璧」な状態のことです。でもそれはあり得ないですから、完璧にやろうなどと思わずに、まず動くことが大切です。

新しいことを始める時は不安な気持ちが兆します。それが自分にとって経験したことのない未知な領域であればあるほど「失敗したらどうしよう」という気分になります。

その時に「できない理由」を並べ立て、行動に移せなかったら「負け」だと思います。自分に負けたのです。

このことを強く認識したのは、アメリカに渡ってからです。アメリカの人はとにかく行動します。積極的によく動きます。その光景をずっと目にしていたので、日本に帰り日本人を見ると、どうして動かないんだろうと感じることがしばしばあります。

動かなければ何も見えてきません。

日本でもメジャーリーグのことがよく記事にされていたり、試合を解説したり、メジャーリーグで活躍する選手のことが語られたりします。しかし、それらがすべて間違っているとは言いませんが、記者が「勝手な思い込みで書いているな」とか、テレビの解説者が「見てもいないのによく言えるな」と感じることはあります。「この選手はこうだから、こうすべきだ」と批評していても、実際にはそれは無理であったり、無意味であったり、全く視点がずれていたりすることも多いのです。なぜなら、現場を見ていないからです。自分の目で見て、感じて、初めてわかることもあるのです。メジャーリーグを語るなら、まず実際に見に来なさい、見ないと実際のところはわからないよ、と言いたい気持ちがあります。

まずは動くこと。そこからいろいろなものが見えてくるのです。

アメリカ・メジャーリーグと日本のプロ野球とではまったくと言ってよいほど、ありとあらゆる状況が違ってきます。個々の選手の技術も、選手のプレースタイルも、ベンチのムードも、監督と選手の関係も、グラウンドも、観客の反応も。しかし、それは自分の目で見なければ実感できません。

日本で活躍し評価され、それなりの年俸を勝ち取り、将来も嘱望されている選手がなぜ、今の地位に固執せず未知のメジャーリーグに挑戦しようという気持ちになるのでしょう。それは、現地でそのプレーに接し、その空気に触れ、あまりの違いに衝撃を受けたからではないでしょうか。自分もこのマウンドに立ちたい、この選手たちと戦ってみたい、そのような想いが心の奥底から湧き上がって、抑えきれないほどの闘争心が芽生えてくるからではないでしょうか。

繰り返しますが、自分から動かなければ何も見えてきません。

アメリカ人はそのことをよく認識しています。

上司に何か相談したいことがあるときは、席を立って上司の席に行って話をする。日本の会社でよく見られる光景です。あるいは上司が部下に何か聞きたいことがあれば、部下を自分のところに呼びつけます。

ところがアメリカは違います。上司が部下のもとへ出向き、話を持ちかけるのです。それはメジャーリーグの世界でも同様です。監督が選手に近寄ってヒアリングしたり意見を言ったりします。いい試合のあとは、監督が「ありがとう」「おめでとう」とお礼を言いに来るのです。選手に何らかのアプローチをしようと思った途端、呼びつけるのではなく自ら出向くのです。

自ら動いて状況を確認する、話を聞く、気持ちを伝える、自分が行動を起こさずには本質を捉えることができない、相手と感情を分かち合うことができない。このような気持ちが無意識に働くのではないかと思います。それに選手やぼくらのようなスタッフも、こちらから監督に話しかけるより、監督から話しかけられた方がはるかに気が楽で、話しやすい雰囲気になります。アメリカと日本の大きな違いを、最も強く実感するところです。ぼくもアメリカにしばらく暮らすうちに、「まず自分が動く」という習性がますます強く身に付くことになったような気がします。

日本の若いプロ野球の選手で苦しんでいる人は大勢います。そういう選手こそアメリカに来てもらいたいと思っています。メジャーリーグの空気に接し、実際に上原選手や他の選手たちを見て、何かを感じ取ってもらいたい。ぼくはいつでも彼らをぼくの立場からアドバイスし、サポートするつもりでいます。どうやったらけがをせずにやっていくことができるか、どのような練習を続けるべきなのか。自分なりに誠意を込めて指導するつもりでいます。来るものは拒みません。

実際に自らの意思で動き、こちらにやってきた若い選手もいます。彼はメジャーリーグのすごさを自分の目で捉え、刺激を受け、ぼくらからいろいろなアドバイスを受け、それが糧となって大きな成長を遂げたと感じます。今シーズンの彼の活躍が楽しみです。

## 過大評価は危険

「上原選手のトレーナーなんてすごいですね」と言ってもらえることは嬉しくもありますが、「すごい」という言葉は多分に過大評価につながってしまいます。自分の実際にやっていることと、受け手が抱くイメージとのギャップは、正直悩ましいところです。上原選手のトレーナーなのだから、トレーニングに関しては何でもできるだろう、上原選手のトレーナーなのだから、内窪の言うことは全部正しいだろうという見方をされがちで、それは多分に危険なことだと感じています。もちろん、実際にはそんなことはあり得ません。ぼくができないことは多くありますし、ぼくが言うことが正しいかどうかはわからないのです。ぼくができないことをできるトレーナーは大勢いますし、逆にぼくが得意な分野を他のトレーナーから頼まれることもあります。万能なトレーナーなどいませんし、トレーナーそれぞれが独自の知識と手技を持っていますから、チームの中でトレーナー同士が補足し合って選手たちの身体をいろいろな角度から見るのがベストなのです。スーパーな選手のトレーナーが、同じようにスーパーであるわけではありません。

また、ぼくらは同じ選手のトレーナーをずっと何年もやれるとは限りません。今、ぼくは上原選手を中心にボストン・レッドソックスのチームの一員としても仕事をさせてもらっていて、チームの中では一番若いトレーナーとして周囲は気さくに声を掛けてくれますが、年齢を重ね、選手の方が年下ということになってくると、逆に選手はぼくに気を使うようになるかもしれません。選手がトレーナーに遠慮してものが言えなくなったり、的確な情報を与えられなくなっては、万全なケアができなくなります。それはお互いにとって非常に良くないことです。

トレーナーはアスリートと同じように、決していつまでも続けられる職業ではないのです。体力の衰えは、マッサージなどの技術の衰えに直結しますし、今述べたようにアスリートとの年齢の差が開けば開くほど親密な関係性を構築するのが難しくなります。

けれども、トレーナーは選手の最も身近な存在として、選手の身体のことはだれよりも熟知していますから、フロントや選手自身が気付かないちょっとした危険信号に気付いたり、気配りや目配りに長けている分、周囲のいろいろな問題点や課題がよく見えています。

そう考えると、ぼくが自分の将来図を描いたとすると、チームや選手のマネジメントを行うという自分のイメージがおぼろげながら見えてきます。もちろん、将来のことなどどうなるかわからないし、いろいろな紆余曲折を経て今のポジションにいるわけで、これからもいろいろな回り道はすることになるでしょうが、将来の自分の姿は霞の中にうっすらと見えてきているような気がします。

序章で述べたように、ロマンチックな夢をいたずらに描くことはしません。

でも、きっと自分ならできるという将来の目標は、いつでも持っていたいと思っています。

第6章

# 今のぼくを支えている6つの習慣

## 良い習慣が、より良い人生を創りあげる

# 悪しき習慣からの決別

ぼくが仕事を行っていく上で心掛けている習慣を、これまでいくつか紹介してきました。例えば物事を俯瞰して視るとか、まずパクるところから始めるとか、常に丁寧さを心掛ける、というようなことです。その習慣を日々律儀に実行していることによりモチベーションの低下を回避し、まがりなりにも顧客からの評価を得ることができていると感じています。

この章ではさらに、ぼくがぼくらしく生きていくために、また、後悔しない人生を送るために、自分に課している六つの習慣と、周囲を見渡して、これはやめた方が良いと思われる（誰かのやっている）悪しき習慣のいくつかを挙げてみたいと思います。悪しき習慣の中には、もしかすると世間的には「良い」とされていることが入っているかもしれません。ぼくにとっては「悪しき」ではありますが……。

その良否の判断は皆さんにお任せします。

「良」と「悪」。最初に悪の方から見ていきましょう。悪しき習慣の一つと決別することにより、人は一歩前に進みます。これはぼくの実体験から感じた（おそらく）真実です。

## 悪しき習慣【1】人の話を聞かない

話を聞くことの重要性は第一章でも述べましたが、さらに違った視点から聞くことの意義を考えてみましょう。

アスリートたちから正確かつ有効な情報を聞き出すことは、ぼくらの仕事のまずは第一歩です。

実は、彼らの話には、ぼそりとなにげなく述べた箇所に重大な意味が隠されていることがよくあります。ですから、聞くことに集中していないと重要な事項をスルーしてしまうことにもなりかねません。「その話は興味深い」と思って聞くのと「その話は大して重要ではない」と感じながら聞くのとでは、同じ話でも聞こえてくるものが違うのです。

ところが人は、人の話を集中して聞くこと、相手の立場に立って聞くことがおいそれとできないものなのです。例えば、選手が何かを訴えるその内容を、トレーナーは自分の価値観・解釈で咀嚼して聞いてしまうことがあります。「この話はこういう解釈で良い」と今まで自分の中で培ってきた経験の中で判断してしまうということです。つまり自分の価値判断に合わせて聞いてしまうことで選手の訴えとズレが生じてしまうのです。

もちろん、知識や経験はアドバイスをする上で大切ではありますが、相手の話の出だしを聞いただけでわかったつもりになって、最後まで真摯に耳を傾けることがおろそかになってしまっては、聞いたことにはなりません。

皆さんの職場でもよく見かける「言った」「聞いていない」論争はまさに人の話を聞いていないことから起こるものです。

「おれはそんな報告聞いてないぞ」

「ぼくはちゃんと課長に伝えましたよ」

「いや、聞いた覚えがない」

人の話に集中して耳を傾けていれば、このような空しい論争は起きないはずです。

## 悪しき習慣【2】 きちんと伝えない

「聞く」ことと表裏一体のコミュニケーションが、「伝える」です。これもまた、ぼくらの仕事では重要な要素になります。アスリートがこちらの意図をきちんと理解できるように話ができなければトレーナーは務まりません。

また、選手に信頼されるような話し方ができなければ選手は素直に言うことを聞いてくれません。

ぼくもいろいろなメーカーの人たちと話をする機会があります。サプリメントの会社、スポーツ関連のメーカーなど、さまざまな企業の人たちが選手に自社の商品を使ってもらいたく契約の売り込みに来ます。選手に直接話すより、まずぼくの理解を得て、ぼくの方から選手に話をしてもらう方が説得力があるからです。

それもトレーナーの仕事のうちです。メーカーの伝えたいことをぼくの口から言うことで選手が聞く耳を持つ。選手の不満や改善してもらいたい点をぼくがメーカーに意味を咀嚼して伝える。そのように企業と選手の間に入って話の交通整理をします。

多くのメーカーの人たちの話を聞くうちに、少し話を聞いただけで、その人が信用できる人かどうかの判断がつくようになりました。

まず、説明の目的がはっきりしていること。話の内容はわかるのですが、「目的」がはっきりしない話は意外と多いものです。「商品の良さはわかったけれど、結局ぼくに何をしてもらいたいわけ？」そう尋ねたくなる話は聞いていてうんざりします。いつまでたっても話の本質が見えず、いらいらすることもあります。

もう一つ大事なことは、話す相手への気遣いができているかということです。信頼できる人は、自分の会社の商品より「相手への関心」が先に立ちます。今アスリートがどんな状態に置かれているのか、課題は何か、話す相手（トレーナー）からどのくらいの時間がもらえるか、そのようにまず相手ありきの話し方をします。自分の方の都合ばかりを優先する相手とは話をする気が起こりません。

## 悪しき習慣【３】　我慢を美徳だと考える

「仕事なんだから我慢してやれよ」

こんな言い方を上司や先輩からされたことはありませんか？

ぼくは仕事でも何でも我慢してはやりません。どんな厳しい仕事であろうと、また趣味や人との付き合いであろうと、何事も前向きに楽しんでやろうと常に意識しています。「嫌いなことを我慢してやる」というのが嫌いなのです。高校時代の野球部の練習はそれはキツいものでした。でも、「嫌いだけれど我慢してやっていた」わけではありません。「野球が好きだからキツさに耐えながらやった」のです。「キツさに耐える」ことは苦しかったけれど、それは楽しかったことでもあるのです。キツさを楽しんでいたと言ってもいいかもしれません。

嫌いなことを我慢してやり続ける人は、いつか自分にも明るい明日がやってくるのだと歯を食い縛って頑張っているのでしょうが、そのうち我慢に慣れてしまい、我慢が当たり前の人生をずっと歩まなくてはならないかもしれません。

嫌なことを我慢に我慢を重ねて行い、やがて成功したという人を知っていますか？成功する人は、つらいことも楽しんでやってしまう人だとぼくは思います。

我慢は、自己満足にもつながります。

「おれはあんな嫌なことを我慢してやったんだから偉い」と、嫌なことを我慢してやっている人はたいていそう思っています。そして、その努力が必ず何らかの成果を生むと信じているのです。でも、そのような希望的予感はたいてい、その場限りの自己満足でしかありません。好きなことを楽しみながらやっている人の方が遥かに良い成果を挙げているのです。

上司に無理難題を押し付けられる。

「ああ、つらい。でもここは我慢だと腹をくくってとにかく頑張ろう」

そうではなく、

「オーケー、オーケー、やってやろうじゃないの、無理難題こそ学習の機会だ」

ぼくなら、このようなスタンスに立ちます。つまり、どんな仕事であろうと、それは学びの場として変換可能だという捉え方です。無理難題をこなしてしまえば、おれは上司との勝負に勝つのだと、ゲーム感覚でやってしまうという対応の仕方もあります。

一〇〇%自分に向いた仕事などあるわけはなく、違和感や不満を抱えつつもその仕事を受け入れ順応してしまわないと「ああ、嫌だ」と思う気持ちがずっとつきまといます。

物事をポジティブに捉えられる人は成長も早いし、強いストレスに晒されても自分を見失わないでいられるのです。

でも、無理難題にも限度は当然あります。

まず、上司に悪意があって無理難題を押し付けてくるような場合や、無理難題が自分の気持ちをポジティブに変えるようなレベルを超えている場合です。それらに対する選択肢は次の二つです。

・去る決心をする。
・それでも我慢する。

つらさが限度を超えていると思ったら「我慢」は賢明とは思えません。

「去る」は逃げるとは違います。いろいろ努力をした結果、これ以上は無理だと思ったら、負い目を感じることなく「去る」という選択をすることもアリだとぼくは思います。

そのためには、日頃から自分の中にエネルギーを蓄えておく必要があります。

リスクを引き受けながら、今いる環境から飛び出すということは、大変なエネルギーが必要だからです。何しろ、他の環境に移ったら収入が減ってしまうかもしれない、自分のスキルや能力を買ってくれる環境がすぐには見つからないかもしれない、そのような「負の思い」を跳ね返して去る道を選択するのですから。

フリーランスのぼくらが、次のステップを目指す時は、今居る場所から「去る」しか選択肢はないのです。理不尽なつらさから脱却するための「去る」とは意味合いが異なりますが、ぼくらの場合は、そこが自分にとって居心地の良い場所であっても、それを捨ててしまうという選択・決意をしなければならないのです。

ぼくはこれまでに何度も「去る」決心を重ね、それを実行してきました。当然、そのたびに自分を鞭打つ大きなエネルギーを必要としましたから、「去る」ことが一大事であることは十分に自覚しています。

年配の人はよく「今どきの若者は辛抱できない」と口にします。昨今、耐久力に欠けた若者は確かに多いのかもしれません。しかし、一方で過剰な我慢は美徳でも何でもないことも理解する必要があります。ブラック企業の現状などを見聞きすると、我慢する心を捨て去ることも時には必要だと強く思います。

## 悪しき習慣【4】 孤独を嫌い、いつも他人とつながりたくなる

家族を残し、たった独りでアメリカに渡ったことで寂しくないですか?と聞かれることがありますが、持ち前の「鈍感力」を発揮してそうは感じないようにしていま

す。しかし、アスリートがけがをしたときに抗い難い孤独感が身に染み入ることは正直あります。その感覚は自分の無力さからくるものです。無力感と孤独感は似ています。本質的には同じものなのかもしれません。

ですから、アスリートが活躍してくれれば、トレーナーにとってそれが一番の喜びで、孤独感など吹き飛んでしまいます。

アスリートが活躍する、周囲がトレーナーである自分を含めて祝福してくれる。そこに孤独が忍び込む余地はありません。


仕事で嫌なことを経験した。つらい目に遭った。

だから、友人に電話して夜、バーのカウンターで落ち合い、「実はさ……」と友人に自分の思いを語る。

「お前は悪くないさ」と言ってもらうのを期待しながら。

テレビドラマなどでよくこのようなシチュエーションを見かけますが、格好をつけてバーのカウンターで友人と酒のグラスを傾け愚痴を聞いてもらっても、何も解決しません。

いや、一時的には「おれには愚痴を聞いてもらえ、励ましてもらえる親友がいる」

と心が温かくなるかもしれませんが、その場だけのことで、家に帰り独りになればまた嫌なことを思い出して元の木阿弥となるのがオチです。

嫌なこと、つらいことを克服するには、「いかに自分が大したことのない存在か」を思い知ることです。

バーで友人とフラストレーションを発散するよりも、自分の尊敬するアーティストでもアスリートでも政治家でも経済人でもいい、まずそういう人たちの本を読んだり発言を聞いたり、アーティストなら作品に接したりして、彼らの孤高な精神力に圧倒されることです。そして逆境こそが、孤独こそが力を生むと思い知ることです。

繰り返しますが、孤独とは、無力から生じる感情です。

それを取り除こうと、他人に寄り添っても結局は癒されることはありません。

まず、自分の無力を思い知り、そこから成長していこうという努力を積み重ねていくことで孤独感は解消されるのです。

言葉を替えれば、孤高の実力を備えた人は、今、自分の居る位置には自分しかいませんから、孤独なはずです。しかし、彼らは孤独ではあっても孤独感は感じていないでしょう。自分は決して無力ではなく十分に実力があることを、身をもって感じているからです。

## 悪しき習慣【5】 雑用を軽視する

トレーナーの仕事は、言ってみれば雑用の集大成のようなものです。アスリートの周辺のことは何から何まで関わり、時には彼らに代わって物事を行うことも多いのです。

会社組織においても、時に上司から雑用を言い渡されることは多いと思います。雑用とは、「誰もやりたがらないが、誰かがやらなければいけない業務」です。

でも、そうした仕事の中にも何かしらポジティブな要素を見出して、完璧にやってしまうのが格好いいビジネスパーソンの姿だとぼくは思います。

「わるいけど、これやってくれない」と上司が頼んできます。

「え、私がやるんですか?」と部下。

その時点で、上司は「こいつには二度と重要な仕事は任せたくない」と思うでしょう。また、「仕方がないな」とふて腐れたような態度でその仕事を行う部下は、一生雑用から逃れられないでしょう。

優秀な人間になれるか、小物で終わるかは、小さな仕事をやらなければならない時に判明します。どんな仕事でも、「自分はやらされている」と感じたときにはその仕事は「労役」となり、上司の期待に倍返しで応えてやろうと感じたときに「チャンス」となります。

面倒な仕事、やっかいな仕事を頼まれたとき、皆さんはそれを他の仕事より先にやってしまいますか。それとも先延ばしにしますか。

ぼくは迷うことなく前者です。面倒な仕事を先延ばしにすることによるメリットはほとんどないと考えるからです。面倒な仕事を後に回すことでストレスは数倍に膨らみます。常に「ああ、あの仕事をやらなくては」と思いながらやらないでいるのは、相当なストレスを溜めこむことになります。

そしてようやく着手したものの、準備不足で駆け込みの雑な仕事になってしまい、まったく評価を得られなかったという情けない結果を生んでしまうこともあります（皆さんも経験があるでしょう）。

## 悪しき習慣【6】　夢を語る

序章で「夢は描かなくてもいい」と述べました。夢ばかりを描き、それを語ることで満足してしまう人が多いからです。でも、「志」は持ちたいものです。夢は淡いものですが、志は強固でなくてはいけません。

「世界中を回って自分探しの旅をしたい」

これは夢です。

「誰にも負けないプレゼンテーターになる」

「三年以内に一億稼ぐ」

これが志です。

志がなければ、これからの長い人生は消耗戦になってしまいます。あるいは、ずっと消化試合を続けることになります。

志がある人はもっともっと実力をつけたいと考えます。志を持たない人は「そこそこでいい」と思い、「努力なんて今どきダサいよね」などというセリフをよく口にします。志がある人は、道が二つに分かれていた時、迷うことなく厳しい方の道を選びます。消化試合で満足する人は、楽な方の道を選びます。

志を実現させたいのであれば、「私は、別にどちらでもいいですよ」という言葉を禁句にすることから始めましょう。「別にどちらでもいい」は逃げの言葉です。そう言い続けている人は一生決断できない人生を歩んでいくことになります。

「別にどちらでもいいですよ」をやめれば、「こうなりたい」「こうしたい」といったアイデアが次々と浮かんできます。アイデアが浮かべば、次には行動したくなります。「別にどっちでもいい」人からは思い切ったアイデアは生まれないし、積極的な行動も起きません。

## 良き習慣が結果を出す人生につながる

良い習慣は続けられなくては意味がありません。

志は、毎日の小さな良き習慣の積み重ねにより達成できるものです。

ぼくが日々実践している習慣は誰にでもできることですし、何ら難しいことはありません。でも、これから挙げる事例を皆さんも見習ってくださいと言うつもりはありません。皆さんの主義に合わなければ無視していただいて全然構わないのです。でも、習慣を持たないで志を達成することは困難だと考えます。何らかのヒントにしていただいて、自分なりの習慣を考えていただければ良いと思います。

## ぼくの習慣【1】 いちいちメモをする

「連絡を取っておきます」とか「やっておきます」と言っておきながら、つい忙しさにかまけてそれを忘れたりすることはありませんか？

相手から催促されて「あ、すみません。うっかり忘れていました」とあわてて行動を起こすというパターンです。それほど重要な事柄でないと思えば、「いけない、忘れちゃったよ」ぐらいの軽い気持ちで、あまり罪悪感は生まれないかもしれませんが、重要な事柄かどうかは受ける方ではなく、依頼する方が決めることです。

もしかすると、忘れられたことで相手は大いに傷つき、こちらに対する信頼感が失せてしまい、笑顔で「いいですよ」と受けてくれたとしても、二度とこの人に頼むのはやめようと心の中では思っているかもしれません。

ぼくも、以前は相手から得た情報や頼まれ事は、頭の中に直接入れておけばそれで十分でした。忘れない自信があったのです。頭の中に入れておく記憶の量も少なかったのです。でも、次第に忙しくなりその量はだんだんと増えていきました。そして、「連絡を取っておきます」と言っておきながら忘れてしまったという事態を招いてしまいました。

これは、まずい。そう思い、ぼくはそれからメモを取るようになりました。メモを取ることを癖にするために、とにかく何でも書く。その場ですぐ書く。以前は手帳を持つ習慣がなかったのですが持つようになり、手帳が手元にないときは、ホテルの便箋でも、チラシの裏でも、紙ナプキンでも、とにかくその場でメモるのです。そのうち、メモを取ることが条件反射のようになってきました。

アメリカに来て、その土地の慣習や文化を理解する上でも、メモを取る癖は非常に役に立っています。メモをすることで観察眼が鋭くもなりました。さらっと聞き流すのではなく、聞いたことを書くことで、話の本質や疑問点が明確になるし、有効な質問もできます。そして質問に相手が答えることで、その事柄の理解がさらに深まるようになります。それが観察眼が鋭くなったということです。

メモを習慣化することで観察眼が鋭くなると、今まで見えていなかったいろいろなことが見えてきます。アメリカという国の合理性。当たり前のこと、普通に考えればわかることをきちんとやる文化。その文化の土壌ゆえに目標が明確に示され、組織の団結性が強くなる。そういう諸々の事柄が明確に見えてくるようになったのです。

おっくうがらずにメモをする。メモをすることで、良く見るようになり、良く理解するようになる。物事の本質を極める上での、それが第一歩だとぼくは考えています。

## ぼくの習慣【2】 止まったら死ぬ。だから止まらない

なりたい自分の姿を常にイメージ化しておくというのもぼくの習慣の一つです。一年後に自分はこうなっていたい。この一年でどんなスキルを身に付け、何を得られれば、なりたい自分になれるか。そして三年後の自分はどうなっていたい？五年後は？

アンテナを張り、有益なものを取り入れ、不要なものを捨て去る。それを毎日意識しながら繰り返すことでイメージする自分の姿に近づいていきます。ほんの小さな「もの」や「こと」でも、善し悪しを取捨選択することが癖になっているようです。

アンテナを張るといっても、待っているだけではダメです。体も頭も動かして、自

分から働きかける、発信することが重要です。人との新しい関係（どこに行って誰に会うのか）。経験したことのない技術（何をすれば何が手に入るのか）。アンテナを張りつつ、行動するのです。

止まってはダメだと自分に言い聞かせます。止まれば、自分は死ぬ。そう思って動いています。チャンスを見つけ、自分の居場所を確保する。そしてその居場所に甘んじることなく、もっと上の居場所を探し回る。その繰り返しです。

どうにかプロとしてやっていけるようになり、引き出しは徐々に増えてきました。でも、まだまだ足りません。もっともっと引き出しを増やすために、止まらずに動き続けます。

「どうしたら、内窪さんのようにいつも行動的になれるのでしょうか？」

先日、このような質問をされました。

自分の中に決してブレない軸を持つこと。ぼくはこう答えました。

ブレない軸とは、ぼくにとっては何があっても守りたい家族がいる、ということです。そして、その家族を幸せにする、ということです。その軸は絶対にブレません。それがぼくの拠りどころになり、行動に結びつくのです。言葉を替えれば、ぼくの軸は家族に支えられている。こう言っても良いのかもしれません。

## ぼくの習慣【3】　自分の感情と対話する

仕事を一生懸命やる意味が見出せない。自分が大切にしたいものが見つからない。そういう人は「感じる力」が弱まっているのではないかと思います。

周囲からの軋轢に身も心も疲弊し、これ以上追い詰められたくないという防御本能が働くのかもしれません。自分の感情を鈍化してしまう。すなわち、無意識に感情を押さえ込んでしまう。こういう働きが頭の中で行われているようにも感じます。

「気にしないことが一番だ」

人は、何か自分にとって不利なこと、嫌なことをされたり言われたりしたとき、そう考えて落ち込むことを回避します。皆さんも、自分にそう言い聞かせたり、元気をなくしている人を見かけたら、そんな言葉をかけてあげたりしませんか。

それはもちろん一方では正しいとは思います。しかし、もう一方では、自分の感情をあえて押さえ込むということですから、それが習慣化し、嫌なことだけでなく「良いこと」「感じなくてはいけないこと」も感じなくなってしまうという危険をはらむようになるとぼくは思っているのです。「気にしなければいいんだ」と、感じないふりをしているうちに、本当に感じる力が弱まってしまうということです。

これは、以前述べた鈍感の力とは異なります。

物事を鷹揚に捉えるのではなく、感じなくなるのですから。

言うまでもなく、感動は感情の一種です。感情が薄まれば感動する心も薄まります。感動したいという気持ちが薄まれば、一生懸命仕事をすることや、自分が大切にするものを守りたいという気持ちも薄まってしまうとぼくは感じます。


ぼくは、自分のそのときの感情と向き合うことを意識してやることにしています。一週間の自分の感情のあり方を振り返ってみて、一度も「嬉しい」とか「楽しい」とかを感じていなかったら要注意です。もしかすると、嬉しいこと、楽しいことがあったのに、それを感じなくなっているのかもしれないですから。あるいは、無意識に感動する感情が抑えられてしまっているのかもしれません。

そして、なぜ喜びの感情が芽生えなかったのか、その原因を探ってみると「ああ、あの一件で過剰にストレスを感じているんだな」と思い当たるかもしれません。

自分に、自分の感情を素直に伝える。これが大切なことだとぼくは思っています。

## ぼくの習慣【4】世間体を気にしない

世間の価値判断ばかり気にしていて、それに見合う生き方しかしてこなかった人は、もっと充実した人生を送ることを放棄してしまったのと同じではないでしょうか。

世間の価値判断ってそんなに重要ですか？

世間の価値判断に照らし合わせ「良い、悪い」の判断しかできない人は、何らかの決断を迫られたとき「どっちが人に後ろ指を指されないか」で判断します。世間からあの人おかしいんじゃないと言われることを死ぬほど恐れているからです。

世間体だけの人生。

そんなの、つまらないに決まっています。

要は、退屈な人生を送ろうとしているのか、波瀾万丈だけど好きなことを突き進む人生を送ろうとしているか。それが問題なのです。

世間体を気にする人は、一度へこむと立ち直りに時間がかかります。そしてまた世間に認められようとする努力を続けます。

世間体など気にしなければ、へこんでから立ち直るまでの時間をうんと短縮することができます。「別におれは、どう見られようが構わないよ」という心の持つエネルギーは相当に大きなものなのです。

ぼくは、何度も書いたように気配りや思いやりを重視していますが、世間体はほとんど気になりません。例えば、アスリートに何かアドバイスをするときに「周囲からこんな風に見られてしまうから、これはやめましょう」などとは絶対に言いません。それは気配り、思いやりとは相対するものだと思います。本当にアスリートに良いことなら、世間の一般的な価値判断とは異なったアドバイスも積極的に行うようにしています。

## ぼくの習慣【5】　いったん口に出したことは実行する

言行一致している人ほど信頼できる相手はいません。逆に口だけが達者な人には警戒心が起きます。おそらく、そのように感じる人が多いと思うので、ぼくは人の前でいったん口にしたことは、何が何でも実行するように心掛けています。

また、社交辞令というのは、言行一致から最も遠い態度だと思っています。この世の中、なぜこんなに社交辞令が溢れているのだろうと感じます。

「今度、ぜひお仕事でご一緒しましょう。近いうちにご連絡しますよ」

そうにこやかに言われてその気になって待っていても、いつまで経っても連絡がこないなどということは皆さんも経験していると思います。社交辞令だと敏感に感知して「それはありがとうございます。是非ご一緒に」などとこちらもにこやかに社交辞令で返すのが常識的な社会人の所作だとは思うのですが、ぼくのようないわゆるサラリーマンの経験のない人間はどうしてもそれが苦手です。

企業と企業の取引に、社交辞令はどうしても円滑剤として必要なのだという意見もあるでしょう。でも、社交辞令というのは基本的には虚言もしくは誇大讃辞の言葉ですから、言われた相手は不快に感じてしまう方が正常な反応のような気がします。いくら褒められても、おだてられても、社交辞令だと分かった途端、鼻白む気分になってしまいますし、こちらへの関心の薄さがかえって露呈してしまい、相手との距離が一歩離れてしまったような印象も受けます。ぼくは、この人とは腹を割って話したいと思っている人に社交辞令を連発されると、ああ、分かり合えない相手なんだなと諦めてしまいます。

社交辞令がうますぎる人は要注意です。その場では良いことを言う分、他で悪口を言っている可能性が高いのです。

口に出したことを絶対に実行するというのは、自分にプレッシャーをかけるということです。あえて、少し難しいなと思うことを「大丈夫、できます」と宣言することで、尻に火を点ける荒療治ということもできます。

そして、言った手前、必死になって言行一致を実践しようともがきます。

人間、必死にならざるを得ない状況の方が余計なことを考えずに済みます。少しでも余裕があると、「何か、うまくいかないような気がする」などと消極的な思いが頭をもたげることもありますので、必死にやらなければならないときは、悩む暇を与えないことが肝心です。「やるしかない」の一念で行動するのです。たいていの場合、必死さは報われるものです。

もし、失敗しても挫折をしない。次の手を打つ。ダメならまた次の手を考える。そうするうちに活路は間違いなく見えてきます。

## ぼくの習慣【6】　相手と同じ視点に立つ

ぼくがどこまで相手を受け入れるかで、相手もぼくをどこまで受け入れてくれるかが決まると思っています。相手は自分を映し出す鏡なのです。

「苦手な人だな」と思ったときから、相手の顔には苦手印のレッテルが貼られ、その後は常にそのレッテルを意識しながらその人と付き合うことになります。そのレッテルがあるため、対応の仕方は偏り、レッテルが貼られている人とそうではない人とは、ずいぶんと差がついてしまいます。

そもそも苦手とは、こちら側の思い込みにすぎなくて、これまでの人間関係の経験からそう規定してしまったり、期待したものとは違う発言や行動をされたために感じてしまう非常に主観的な感情です。

人間は自分のことは棚に上げ、相手には「ああしてもらいたい、こうするべきだ」とほぼ無意識のうちに期待し要求しています。そして結果的に思う通りにはならないと、相手に対して負の感情が持ち上がり「あの人とは合わない」「苦手なタイプだ」ということになるのだと思います。

ぼくの場合、自分の顧客が苦手な人では商売になりません。何度か述べたように信頼関係が保たれていないと選手とトレーナーの関係は成り立たないのです。

ですから、人とはなるべく先入観なしで接するようにしています。とにかくまず相手を受け入れる。一見、自分の思い通りにならなそうな「苦手なタイプ」であろうとも、まずそのまま受け入れるようにします。まずは、あなたを信頼するところから関係を始めましょう、と。言葉には出さずとも相手にそれを分からせるためには、相手をそのまま受け入れるしかないのです。

こちらが受け入れれば、相手もこちらを受け入れてくれます。

そこで初めて、こちらの意見、考えを述べるようにしています。

第一章でも触れたことの繰り返しになりますが、相手をそのまま受け入れるということは、とりあえず相手の立場に立ち、相手の視線で物事を視るということ。それにより、ぼくの場合はどのような治療・トレーニングを行ったらよいのかが適切に判断できるようになります。

トレーナーの仕事は、「自分ありき」ではなく「相手ありき」です。相手のつらさ、痛みを心身両面で感じ取ることで、初めてどうするべきかが頭の中に描かれるのです。

＊

何げない習慣をこつこつと実践していくことが、何をする上でも成功のきっかけになるのだ。そう信じてぼくはここに挙げた事柄を習慣化するようにしています。そして悪しき習慣の罠にはまらないように心掛けています。

一流アスリートのトレーナーになりたいと強く思っていたら、何とかなることができました。

強い思いは、強い行動に結びつきます。

そして、強い行動の先には達成が待っているのです。

終章

# 失敗にめげるな！

野球は小学生の頃からやっていました。今から思えば小学校のときの監督が一番厳しかったような気がします。今だったら大問題になるような体罰での教え。でも、その時に、野球が真剣に取り組むに値する魅力的なスポーツであることを教えられ、生まれて初めて人生とは何かを学んだように思います。小学生で人生を学ぶなんて大げさな言い方に聞こえるかもしれませんが、確かにあの時、ぼくは生きるということは、こういう辛さに耐えることなのだと、まさに体で学んだのです。体に叩き込まれたという方が適切かもしれません。

そして、高校時代の二人の先生。野球の恩師である三人の先生は、いずれも厳しかったけれど、「強く生きろ」と教えてくれた、ぼくにとってはかけがえのない師匠たちです。三人の先生方のもとで野球を学んでいなければ、ぼくはとても今の仕事には就けなかったと思います。

人間だって動物です。悪いことに対してはたたく。それで覚えさせる。そんなやり方は古い、今は通じない。逆恨みされるだけだ。そう言われるかもしれませんが、言葉だけでは相手が響かない、そんなもどかしさを皆さんも経験しているのではないでしょうか。

我慢することができない子供が増えてきているように感じます。していいことと悪いことの違いがわからない。わからせるために、最も有効な手段として叩く。体で覚えさせる。たたかれた方は、たたかれた経験から人をたたくのが悪いことを覚える。こんな単純な教育の方法が今は成立しない世の中になってしまったようです。もちろん、やり過ぎは問題外ですし、教える方が激情に駆られたり憎しみをむき出しにするなどということは問題外です。自分の感情をコントロールできない人間はそもそも教える資格がありません。

たたくのがダメなのなら、走らせるのでもいいと思います（もちろん、安全を確保しながらです）。なぜ走らせるのかを理解させ、とことん走らせる。そして、苦しさを乗り越えたら褒める。それも大切だと思います。褒めるということは「おまえを認めた」と言葉で告げることです。人はだれでも、目上の人や、自分を教育してくれる人に認められるのは嬉しいことです。

だれでも失敗を恐れます。当たり前のことです。ぼくも日常的に数限りなく失敗を繰り返しています。でも、小さな失敗にいちいちめげないように自分を叱咤していきます。そして「どのような失敗を犯しても、それを乗り越えられれば、あの時の失敗は必要だった」と思うようにしています。

実際そうなのです。

失敗が自分を次のステップに導くのにどれほど役に立ったでしょうか。

「気配り　目配り　思いやり」が大切だと述べました。しかし、それが仕事を行う上で、あるいは豊かな人間関係を形成していく上でとても役立つのだろうということは、失敗を通して学んだことです。

若さゆえ、人への気遣いなど皆無。少し成功していくと鼻高々となって、自分は何でもできると思ってそれが態度にも出てしまう。それを戒めてくれたのが小学校・高校時代の恩師であり、鍼灸学校の教師の方々であり、トレーナーとして仕事をさせてもらったアスリートたちです。

彼らが、野球を通し、鍼灸の教えを通し、トレーニングを通し、ぼくに「気配り　目配り　思いやり」の大切さを教えてくれたのです。

そして本編でも述べましたが、真の「気配り　目配り　思いやり」ができることは、真の実力があることと比例します。実力がないのに、気配りばかりしていれば、それは人から見れば卑屈な態度に見えてしまうかもしれません。

「こうなったらいいな」と語るだけで行動を起こさない人は、夢を語るだけで人生を終えてしまいます。「こうなったらいいな」ではなく「こうなろう」と志を持てば、即刻行動に結びついていきます。

上原浩治選手のような「けがで挫折を余儀なくされた選手」が、だれも成し遂げられなかった高みまでたどりついたこと。それがどれだけ人に勇気を与えてくれたか。それは実にシンプルで、「こうなろうと強く思い、失敗を恐れず最善を尽くす」ことの繰り返しから成し得たことなのです。

スポーツトレーナーになりたいという若い人は多くいます。

その中でも競技の現場で仕事をするトレーナーをアスレチックトレーナーと呼びますが、おそらくはトレーナーの仕事をやりたいと思うほとんどの人は、このアスレチックトレーナーを頭に思い描いているのではないかと考えます。

しかし、現実を見れば「なりたい」人の数はとても多いのに、実際に「なれる」人は極端に少ないという超難関の職業なのです。

今は、トレーナー養成を標榜している大学や専門学校が多く、かなり高度な理論やスキルを学ぶことができますが、卒業すればだれでもトレーナーになれるというわけではありません。専属のトレーナーを必要とするプロチームや実業団は数が限られていますし、それらのチームが毎年新人のトレーナーを採用するということはありません。優秀な成績で学校を卒業し、普通の企業に就職するように履歴書を送っても目的は成就されないのです。

それでも、どうしてもトレーナーになりたいと思う人は、ぼくのようにとにかく動いて現場に出向き、人と会い、実習体験をさせてもらいながらチャンスを待つという方法しかありません。しかし、チャンスはなかなか巡って来ないし、巡ってきたチャンスに十分に応えられなければ、それで終わりです。もっともっと修練し、また次のいつやってくるかもわからないチャンスを待つ。それができるかどうかは、相当に厳しい態度で自分に対峙し、常に自分を律することのできる精神力が必要になります。自分に対しわずかでも甘い態度で接すれば、目的はどんどん遠のいていきます。

ぼくが今のポジションまでたどりつくことができたのは、挫折を経験したおかげだと思っています。挫折を知ったことで、逆に挑戦する力が養われたとぼくは信じています。自分という人間がよく見えるようになり、なりたい自分が明確にもなりました。

この本は若い読者を意識して書かれていますが、人生の指南書でもなければ仕事への意欲換気を目的としているわけでもありません。現状維持を良しとしない人が軽い気持ちで読んでいただき、「なるほど、こういう生き方もあるな」と共感していただけれぱ、ぼくとしては本望です。

二〇一四年　五月

内窪　信一郎

内窪信一郎　うちくぼ　しんいちろう
プロスポーツトレーナー

1981年生まれ。宮崎県都城市出身。

九州を代表する野球強豪校、延岡学園高校野球部に所属。けがに悩まされ野球選手の道を断念。大阪の関西鍼灸短期大学(現関西医療大学)に入学しスポーツトレーナーを目指す。鍼灸師の資格取得。卒業後、プロ野球のオリックス・ブルーウェーブ(現オリックス・バッファローズ）に入社。

2006年にパーソナルコンディショニング&トリートメント「BVODIE（ボディ）」を大阪市に開設し独立。当時高校3年生だった有村智恵選手（東北高校）の日本女子プロゴルフ協会プロテスト合格まで治療・トレーニングでサポート。プロ野球選手やプロゴルファーなどのサポートをしながら、一般利用者へのトレーニング指導を行う。

2008年～2009年は女子プロゴルフの馬場ゆかり選手の専属トレーナーを務める。

2010年からメジャーリーグ・ベースボールの上原浩治選手（当時ボルチモア・オリオールズ。2011年7月～テキサス・レンジャーズ。2013年～ボストン・レッドソックス）とトレーナーの専属契約締結。現在に至る。

「チャンスをつかむ人」のシンプルな習慣
世界の舞台で活躍するプロトレーナーが教える行動原理

Nanaブックス
0123

2014年6月25日　初版第1刷発行

著者　内窪信一郎
発行者　林　利和
発行所　ウィズワークス株式会社
〒160-0022
東京都新宿区新宿1-26-6　新宿加藤ビルディング5F
TEL　03-5312-7473
FAX　03-5312-7476
URL　http://wis-works.jp
※Nanaブックスはウィズワークス株式会社の出版ブランドです
印刷・製本　三松堂株式会社
用紙　株式会社鵬紙業


ISBN 978-4-904899-37-3　C0036